地 球 を 汚 さ な い

シリーズ2 自然食通信社

捨てない主義で「布」生活

捨てない主義で「布」生活・目次

●とことん働く布たち

●よみがえる布のいのち

カバー・表紙デザイン／貝原浩
カバー絵・扉・文中イラスト／花房葉子
実例集イラスト／尾川直子

まえがき――ひらめいて、布で心豊かなひとときを

私たちは一体いつから、お古を着ること、繕った衣類を身につけることに抵抗を感じるようになってしまったのでしょうか。

本書「衣類リサイクル事情・海外編」にコメントをいただいた、カナダ在住の真崎久子さんからの手紙に、「近所には古着や家具などの日用品を扱う何軒ものリサイクルショップがあり、わが家でもよく利用しています」とありました。家具や自転車などに比べて軽く、かさばらない古着は、集めやすく、売りやすい。教会や各非営利団体にとって確実な収入源となるため、〝リサイクル〟というよりむしろ、〝財源確保〟のために重要視されている、と真崎さんは強調しています。

カナダだけではなく、今回コメントをお願いしたデンマーク、ドイツでも、古着は教会や非営利団体の収入源として、大きな位置を占めているようです。古着を売った収益が財源となるとは、古着のマーケットが成立しており、人々のあいだに、古着を着ることがごくふつうに浸透しているということです。日本の感覚からすると、正直いって驚きです。

いっぽう日本では、子供会や福祉施設などのバザーのとき、品物集めの段階で必ずといってよいほど、「古着お断り」のただし書きがつきます。古着はブランド物など特別のもの以外、なかなか売れないのです。

とはいえ、私たちが有り余るほどの衣類を持つようになったのは、つい最近のこと。大多数の女性たちがキモノを日常着としていた戦前、東京では新品の反物を扱う呉服屋の店舗数より、古着屋のほうが多かったと聞きます。

こんにちの私たちは、衣類にかぎらず、生活用品全般を修繕して使うことがほんとうに少なくなりました。たとえば傘。ひと昔前まで、傘布がほころびれば繕い、ホネが折れれば、傘屋に修理に出して使い続けるものでした。ところがこんにち、傘だけではなく、パソコンや家電などの高価な生活用品であっても、修理を頼めば、

店の人に買い替えを勧められる場合が少なくありません。新しく買ったほうがてっとり早いものも増えてきました。

不況下とはいえ、みなが泡沫的ぜいたくに酔いしれているのでしょうか。衣類も同じ運命にあります。衣類の多くが着回される機会のないまま、ごみとして棄てられています。ほころびたり、寸法が合わなくなったら繕って着続けるという、いままで当たり前に行なわれてきた日常の営みがすたれつつあります。

繕い物や縫い物などの手仕事は、暮らしに弾みをつけてくれます。

あわただしい毎日からふっと立ち止まり、自らの身の回りを振り返る気持ちの余裕をもたらせてくれます。ときには針仕事に精を出すひとときを作って、その手ごたえを心豊かに受け止めたいものです。

本書は九三年初版発行の『愛して使って見届けたいリサイクル「布」「紙」』から、「布」を独立させ、全面的に編集し直した増補新版です。

布再生術の実際のアイディアを満載した実例集、暮らしと布とのいいお付き合いに焦点を当てたインタビュー、いろいろな角度から布のリサイクルを考えるレポート。この三本が本書の大きな柱です。なかでも、わかりやすいイラストともに六十余ページをさいてお届けする、実例集「ひらめき布再生術」はおすすめです。

お気に入りの古布で何かを作りたい、お父さんのシャツを子供服に作り替えたいというとき、ぜひ参考にしてください。やる気がわいてくること、請け合います。いざ、手を動かしてみると、思うように仕上がったり仕上がらなかったり。手作りはその意外性が楽しいんです。

布で遊ぶ

忙しい毎日の中で、針を持つ喜び

思いついてはぎれを取り出し、心のリズムのおもむくままにチクチクと手を動かす。ときには手縫いだけでなく、ミシンの疾走感も心地よい。そうして気がつけばいつしか、日常生活の波に翻弄されていた気持ちが鎮まり、はぎれはかたちになっている。その昔は糸を繰り、織ることからはじめていた布とのかかわり。いまの時代に生きる私たちは、せめて布を縫う喜びは捨てたくないと思うのです。

染め布のはぎれは、〈私〉の切れ端

パワフルなワンダーランド

岡山県・横原瞳さん

五本指ソックスを縫い合わせたマット、袖も身ごろもはぎれで作った上着、裂いた布を編んだ奇妙なかたちの袋などなど、横原瞳さんの作り出す布製のものたちは、実用品かというとそうでもなく、かといって暮らしから離れたアートでもない。見て触っていると、うふふと笑ってしまい、そして、気持ちがふっと軽くなる不思議な世界。はてさて、どこからそんな発想が生まれるのだろう。

◎手芸の〝キマリ〟にはとらわれない

岡山県玉野市はかつて、本州と四国を結ぶ宇高連絡船の発着港としてにぎわった港町である。瀬戸大橋の開通によって、鉄道と車の流れが西側にそれたいま、港は瀬戸内海の温暖な日差しを受け止めて、静かなたたずまいを見せている。横原瞳さんは県北の津山市から、ここ玉野市に移り住んで七年近くになる。

数年前、東京のイベントで会ったことのある横原さんは、以前より血色がよく、若々しい。

「あはは、自家製の干物をよく食べるから、コラーゲンが効いとるんじゃろうか。あのころはなにしろ忙しくて、疲れとったんよ」

5本指ソックスのマット。写真では青、赤、黄色、カラフルな色合いをお見せできないのが残念。裏には染め布のはぎれをつなぎ合わせた。

自宅裏手の仕事場では、二匹のネコと、数々の奇妙な布製のものが出迎えてくれた。

青や赤、色もかたちもさまざまな、はぎれを縫い合わせてワタを入れた、不定形のクッション。いや、クッションというより、アシカ？雲？それとも想像力を刺激するぬいぐるみか。赤や紫など、濃厚な色で染めたはぎれをつないだ上着は、どこまでが袖で、どこまでが身ごろがわからない。五本指ソックスを一足一足クレヨン箱のようにいろいろな色で染め、ミシンでペタンと縫い合わせた奇妙なマットもある。

「この袖、なんだと思う？」

と、厚手の生地にニットの黒い袖を付けた、あたたかそうな上着を取り出した。？？実は、ラクダのシャツから袖をとったのだという。それも、友人の夫の着古しを染めたという、おまけ付きだ。

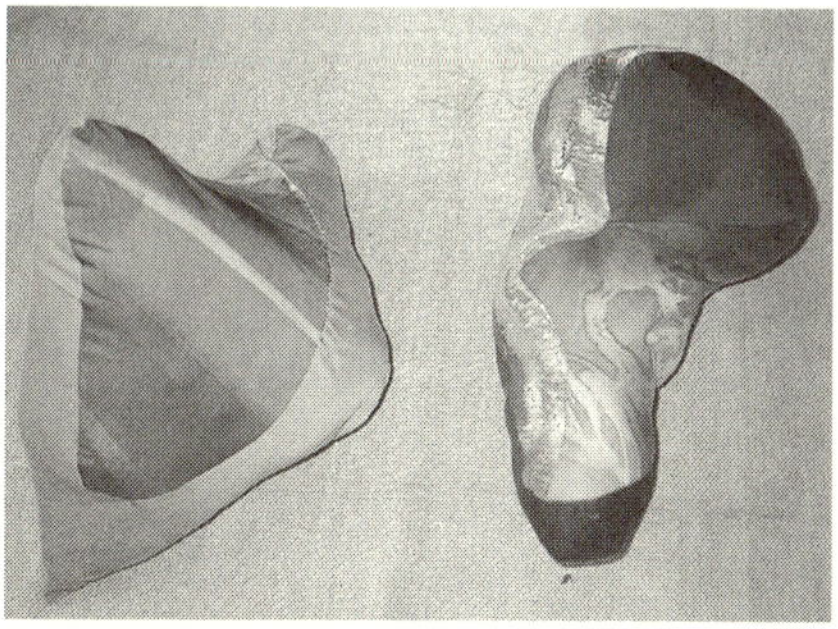

クッション？それともぬいぐるみ？

縮んだセーターも横原さんの手にかかれば、毛布や敷き物に生まれかわる。毛布の四隅は直角に、敷き物の裏地は表にはみ出してはならない、などの〝ルール〟を無視して、色合いを楽しみつつ、縫いつないていけばいい。よくいえば自由奔放、型破り。見方によっては奇抜で突飛。

「中学のとき、美術で額縁を作ることになって、四角はおもしろくないから、台形にしたんよ。そしたら、『みんなと違う』と、先生からおこられた」

長じて二十代のころ、時代は若者の粗削りなパワーが充ちていた一九六〇年代末。横原さんは穴をあけたり、絵を描いたりしたTシャツを着ては、周囲を驚かせていたという。当時は着るもので遊ぶなんて、もってのほかだったのだ。

◎人と人とが出会って〈うき草〉染め

横原さんが使っている布類はすべて、手染工房〈うき草〉なごりの染め布である。

大学を中退し、看板描きを振り出しに職業も住まいも放浪のすえ、出産をひかえて故郷・津山に帰っていた横原さん。いっぽう、短大で油絵を学び、何回かの転職を経て、友禅染めの図案描きの仕事についていたが、失業し、故郷の津山に帰っていた金田美智子さん。二人の人生の岐路が偶然にも重なり合い、一九七五年〈うき草〉は誕生した。二人とも染色、服作りにはずぶの素人ながら、「布に絵を手描きしたらおもしろそう」という金田さんの誘いに、「服にしたらきっと売れる。やろ！」と、横原さんが乗ったのだった。

横原瞳さん。小さいころからモノ作りが好きだった。

友禅染めの手法を借りて、木綿の布に絵を描き、染める。あるいは何色か重ねて、くすんだ色と鮮やかな色が同居しているような柄に染める。染めた布は服やスカーフだけではなく、舞台衣装、商店のノレン、市民グループの旗などになって、世の中に飛び出していった。

染色の工房はまた、人と人との出会いの場でもあった。

最初の工房は廃屋に近いボロ家だったが、広さだけは充分だったので、共同購入グループの活動の場ともなり、あるときはファッションショーやコンサートの会場ともなった。また、手染めをやりたいと扉をたたく人、〈うき草〉の記事が載った雑誌を胸に、「自分を見つけたい」とやってくる人。さまざまな人が工房を訪れ、さまざまな人の人生が、染め布の複雑な色柄のように交錯していった。

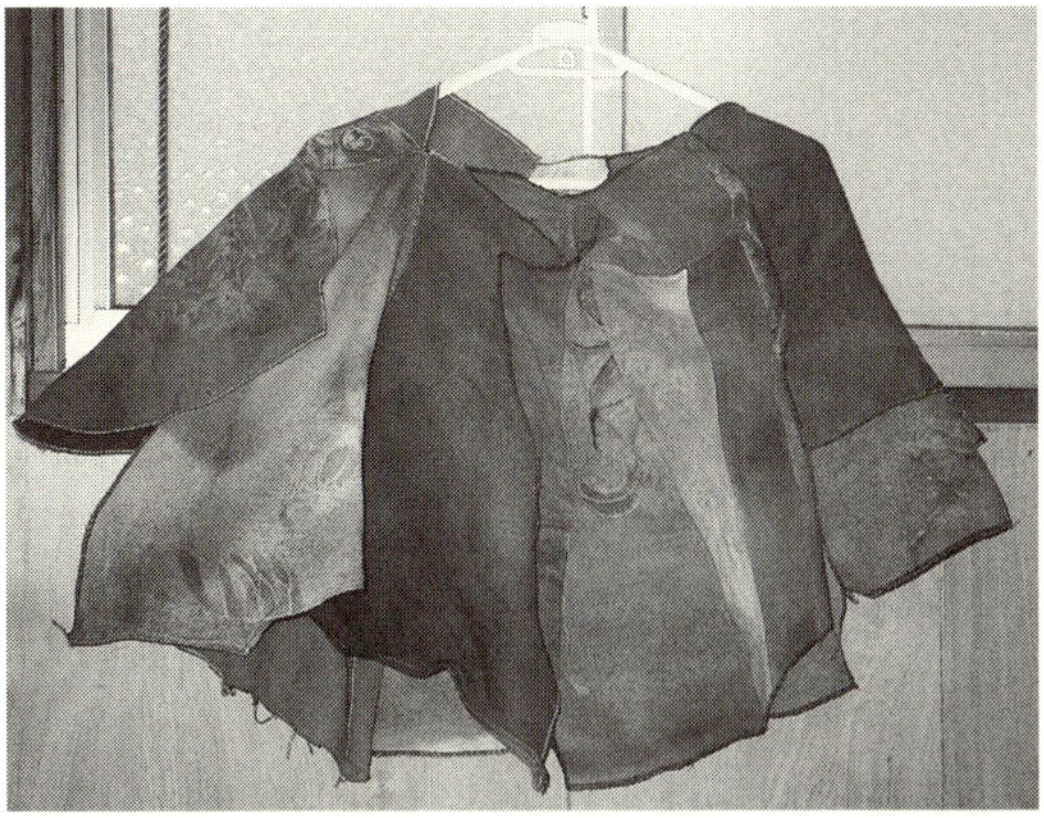

紫、赤紫などの染め布のはぎれで、上着を作った。どこまでが袖で、どこまでが身頃？　羽織ると気持ちがふわっとしてくる。

◎はぎれを全部片付けたい

横原さんが玉野に引っ越したのは、東京で〈うき草〉二十周年のイベント——私が横原さんを見知ったのはこのときだった——を開いて間もなくのことだった。玉野に住む義母の介護を引き受けなければならなくなったうえに、夫の転職が重なったこともあるが、自分自身が疲れていたこともある。ちょうど人生の節目だったのだろう。

津山を引き払うにあたって、荷物の整理をしたところ、その三分の一は二十年のあいだに自分で染めた、布の残りやはぎれが占めていた。

〈うき草〉の染め布は色づかいが独特で、たとえ、はぎれの小片でも独特の自己主張がある。

「染めた布は重い。存在感がありすぎてイヤなんやけど、捨てるに捨てられない。いとおしくもあるしな」

そこで、はぎれで思いつくままに、服や袋物を作りはじめた。自分なりに納得のいくものを作ることができれば、展示会などの機会に出品できる。出品したものが売れると気持ちいい。玉野に移っても時間をみつくろっては、染めの作業をやっていたが、しかし、それも二年前にやめてしまった。

「布を染めるというのは、ものすごいエネルギーが要るから、はまってしまうと、しんどい。そういうことを長年やってきたから、飽きたのかなあ。〈うき草〉染めのエネルギーは、いまは干物作りに移ったのかもしれんな」

義母がグループホームの世話になることになり、介護の苦労が軽くなった最近では、晴れて風のある日は干物作りが日課だと、さばさばした表情で語る横原さん。そういいながら、ふっと、こ

はぎれを幅1センチくらいに裂いて、ぞうりを編んでみた。左右の大きさをそろえたり、鼻緒をつけるのはなかなか難儀。そこで…。

うつぶやくのだ。

「はぎれで何か作っていると、自分の人生を片付けているような気がしてきてな。自分の身辺をかけらも残さずにきれいに整理して、消してしまいたいと思うよねえ」

◎縫って、つないで、編みながら

はぎれを大量に効率よく片付けるには、縫い合わせるより、裂いて編んだり織ったりしたほうがよさそうだ。そこで、はぎれを一センチ幅に裂き、結んでつなぎながら棒針でざっくり編みはじめた。ポップな色合いのポシェットは、若い女性が歓声をあげそうだ。裂き布をなりゆきまかせに編んで、袋状に縫いつないだこれはクッション、それとも大型バッグ？

「なんやろうね、これ。どう使おうか。作っているときは、何も考えない。思いつきで適当に手を動かしているんよ」

裂き布でぞうりを編んでみたが、左右同じ大きさに編むのが難しい。そこで、横に並べてマットにしようか、それとも縦につるしてオブジェっぽくしようか思案中だ。外出のさい、これを二個ほどバッグに入れておけば、「地べたに座るとき、座布団がわりになって便利」でもある。

細かいものも全部、使いきってしまいたい、と語る横原さんにとって、染め布のはぎれは人生の切れ端そのものなのだろう。人生の折り返し点を過ぎて、「発つ鳥跡を濁さず」の気持ちも行き来する。

裂き布で編んだポシェット。小さなはぎれを裂いて結び合わせて編めば、思いもかけないポップな色合いがあらわれる。針はかぎ針でも棒針でも。

それならば、手元に残っている思いの深いはぎれを再度かたちにして、自分自身から突き

はぎれを細かく裂き、気持ちのおもむくままに編んではぎ合わせたら、奇妙な袋ができた。はて、何に使おうか。

放してみたい。身軽になりたいという心境か。

「こんなものを作って、いったい何になるんやろうという思いにもかられるけどな」

と、自問自答しながら横原さんが作り出す作品は、パワフルさの中に独特の調和の世界が流れ、まるでワンダーランドだ。手にとっておもしろがっていると、気持ちはいつしか、あわただしくちまちました世の中から、ひょいとワープしてしまう。

岡山から帰った後、そんなことを考えながら、残り布で手さげバッグを作っていたら、裏はつぎはぎ、ポケットは不定形の、今までの手作り品にないアバウトなしろものができあがったのだった。

（取材／文　八田尚子）

参考『彩布(いろ)にまみれてＦｕｎｋｙ Ｒｏａｄ』金田美智子&横原瞳編著　一九八八年、ブレーンセンター刊（現在は絶版）

百歳　大前松江さんの布遊び

横原瞳さん宅の近くに住む、大前松江さんは明治三十四年（一九〇一）の生まれ。長男夫婦と暮らしながら、毎日、午前二時間、午後二時間ほど、針を持つのを何よりの楽しみとしている。おだやかな陽光があふれる、居心地のよさそうな居室で出迎えてくれた松江さんは、耳は少し遠いが、いきいきとした口調で語る。

「子ども七人がみな元気ですから、子どもや孫が寄ったら喜ぶじゃろうと、袋物でも箱三つくらいこしらえています」

松江さんが布遊びの世界を楽しむようになったのは、八十歳を過ぎてからだという。

嫁入り前は〝てご〟（手伝い仕事）に出て働き、十八歳で嫁いだ。子育て、家事に追われる歳月が続く。姑に裁縫を教えてもらいながら、子どもの衣服は縫っても、自らの楽しみで針を持つ余裕はない。再び縫い物をはじめたのは、二十年ほど前に夫が他界してからだった。

自宅のとなりで、末娘の都さんがブティックを営んでいるので、服地のはぎれはいくらでもある。最近では、はぎれを使った巾着袋作りに夢中で、一日に一枚は作っていると語る。もちろん手縫いだ。裏をつけ、ひもの先は表布と同じ布でくるんで、かわいい玉を縫い付ける。

針に糸を通すのはさすがに難儀なので、都さんが見つけてきてくれた「自動糸通し機」を使っている。針を差し込んで糸を掛け、ボタンをポンと押すだけで糸が通る便利な道具だ。

孫やひ孫の顔を思いうかべながら、ぬいぐるみもずいぶん作った。赤いフェルトのライオンは、傷んでしまった既製のぬいぐるみを解いて型紙をとり、縫ったものだ。鎌倉みやげにもらった鳩サブレーも、松江さんの手にかかると型紙になる。お菓子で型紙をとり、白いフェルトの胴体に赤いトサカをつけたら、赤ちゃんが喜びそうなニワトリのぬいぐるみができあがった。

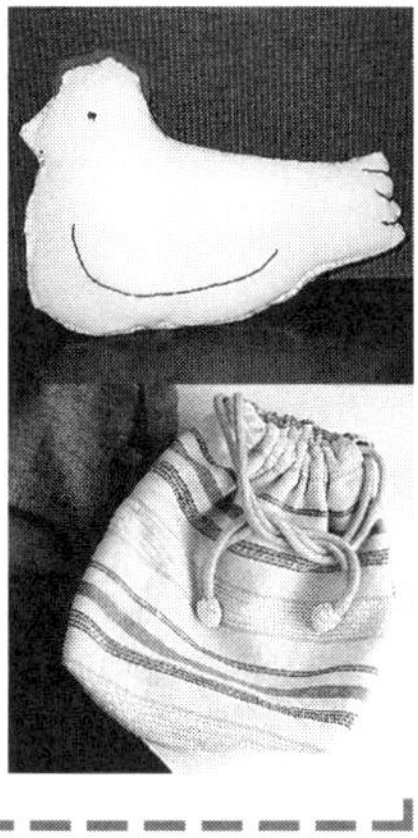

足が少し不自由な松江さんは、市販のスリッパは固くてはきにくい。そこで自分で作ろうと思い立ち、試行錯誤を重ねた。下底に二十枚もの布を重ねて刺し、回りをていねいにかがった手作りスリッパは丈夫ではきやすく、家族一同にファンが多い。今までに三十足くらい作ったが、まだ、孫、ひ孫全員に行き渡らないという。子どもは八二歳から六二才の、一男六女。二年前には、子どもから、やしゃごまで、総勢六十三人が集まって、数え年百歳のお祝いの会を開いてくれた。

「あの世に行ったら、もどれんから、それまで一年でも長く、喜んでもらおうと思って作っとります」

百歳の媼（おうな）が淡々と語る一言には、透徹した明るさがあり、聞く者の心にほのぼのとしみてくる。

布と暮らす

ひらめき・アイディア勝負の布再生術

1993年刊の本書旧版で取り上げた実例を１点１点再検討し、さらに、何人かの方々から寄せられたアイディアをプラスして、充実の布再生術をお届けします。簡単な実例からちょっと高度な実例、そして、「そうか！」と目からウロコの実例まで、味のあるアイディアがぎっしり。イラストを楽しみながらページを進めるうちに、きっとヤル気がわいてくるはずです。

トレーナー

着心地のよさから、遊び着や部屋着として大人気のトレーナー。適当な厚さと肌触りのよさ、ザブザブ洗えるなど魅力がいっぱい。大人用のたっぷりサイズをリフォームすれば、子供用がゆったりと作れます。

1枚で2回役立つ

●カーディガン

ダボダボのトレーナーは、思い切って前身ごろの中央を縦にジョギジョギ切って、カーディガンにしてみては？ 裁ち端は接着テープで補強して、内側に折り込んで端ミシンを。

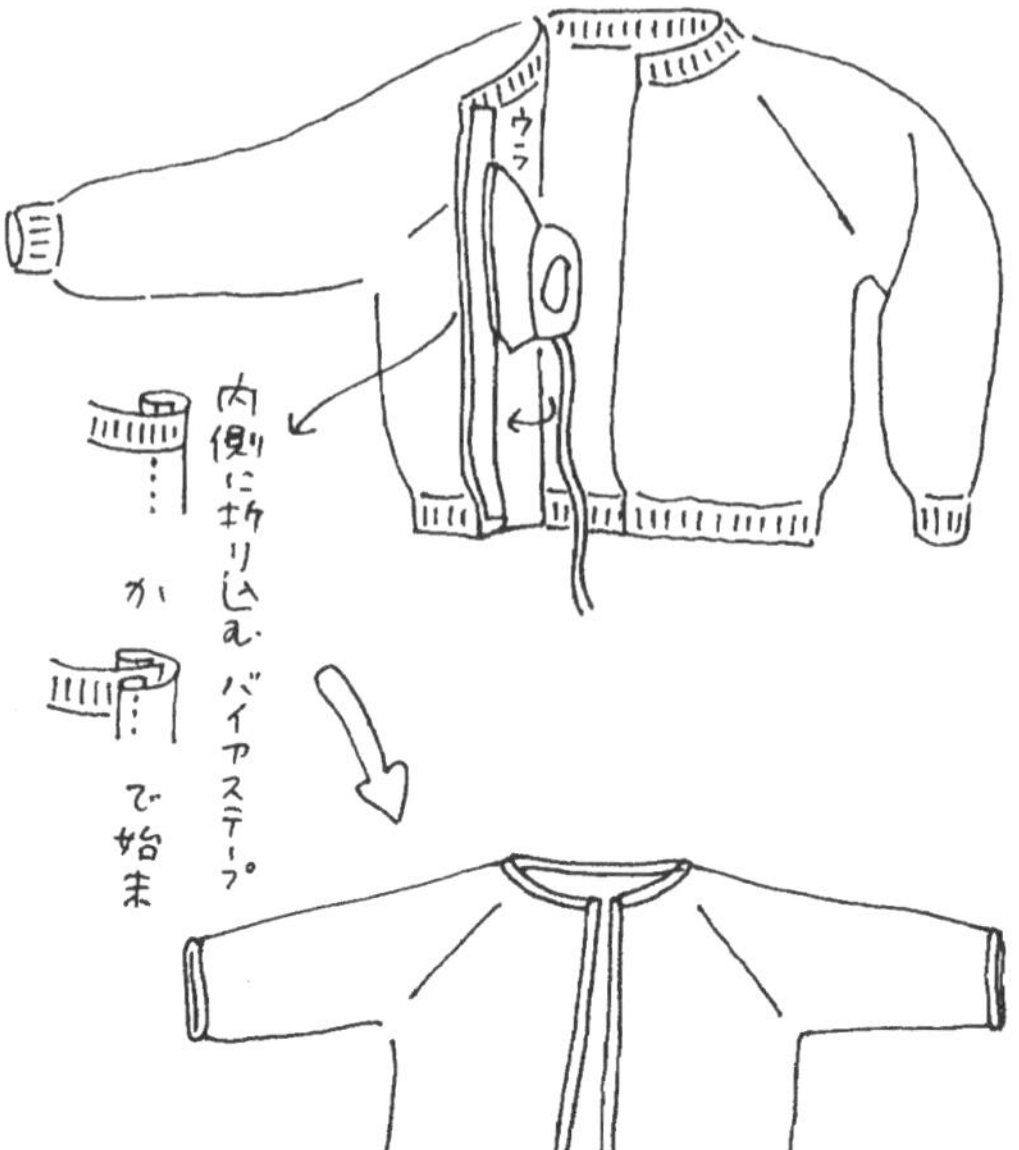

または、切り口をバイアステープかチロリアンテープでふちどりして、前中心にボタンやファスナーをつけます。ボタンなんかつけなくても、ちょっと羽織るのに前あき物は重宝します。

（バイアステープの作り方は73ページ参照）

服の形でもいいんじゃない?

●足ふきマット

トレーナーの吸湿性は捨てがたいもの。袖口や衿の部分が傷んでいても、多少薄くなっていてもおかまいなしの利用法です。

袖を身ごろの中に入れ込み、刺し子のようにチクチク刺しただけの足ふきマットは、お風呂上りに活躍してくれます。トレーナーのかたちそのままのマットというのが気になる方は、四角く切って縫います。裏のパイル地のほうが吸水力が強いので、裏返して使っても。

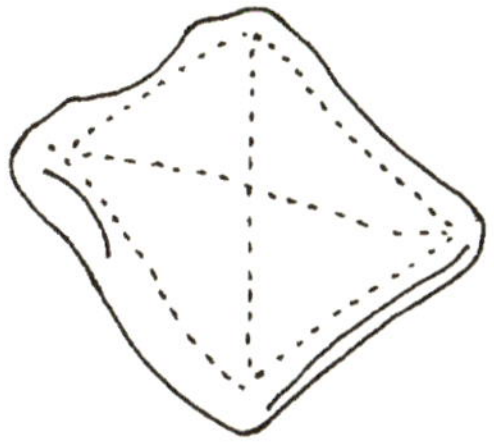

あれっ、不思議

●まんじゅうクッション

古着の置き場所に困ったら、こういう工夫を。

まず、トレーナーの袖と衿ぐりを切り取り、中表にして袖付けの部分を縫いとじ、筒型にします。次に、50〜60センチ長さの太めのひもを輪にして、トレーナーの上部にはさみこみ、丈夫な糸で粗く縫ってぎゅっと縮め、糸を巻きつけてしばります。

これをひっくり返し、ひもが中心にくるように加減しながら、手持ちの古着を詰め込みます。

次に、トレーナーの下端を同じように縫い縮め、ひもを取っ手のように出して、ぎゅっとしばればできあがり。いくつか作って、色や種類別に古着をしまっておくと、必要に応じて取り出せて一石二鳥です。また、取っ手になるひもは、3色のひもを三つ編みにしてもかわいい。

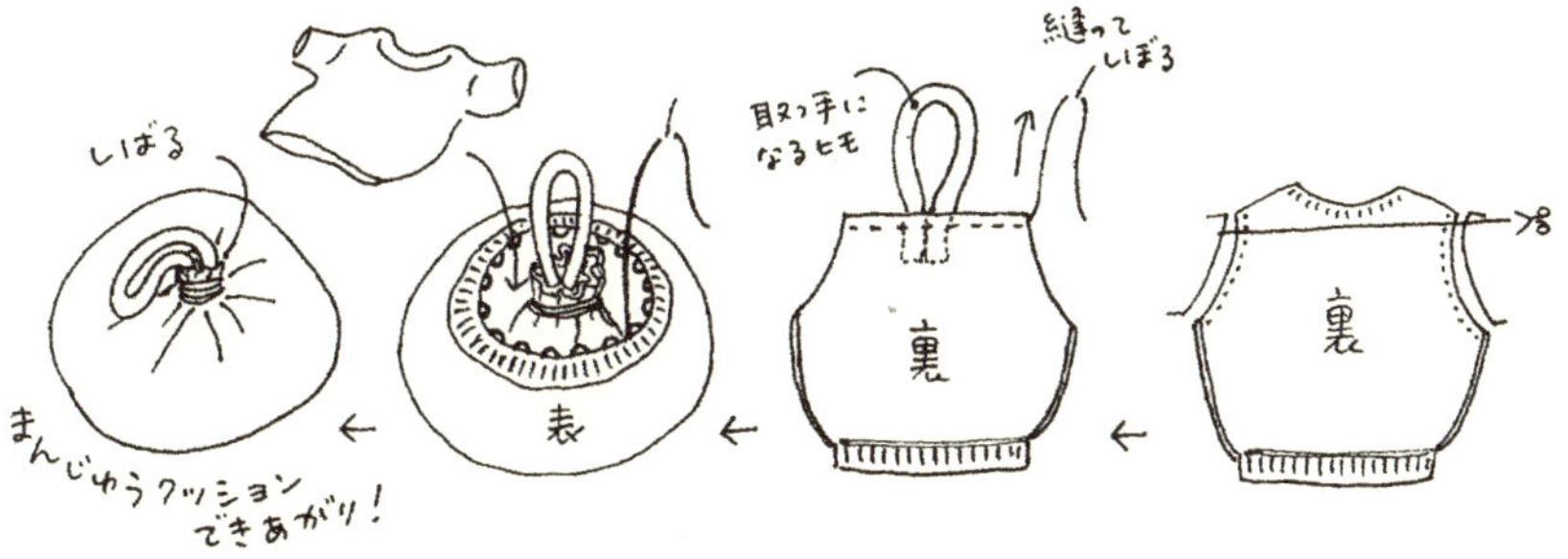

●京都市・小玉光子さんより
私が学生時代に着ていたトレーナーやズボン、スカートなどを大学生の娘が着ています。生地のよいもの、丈夫なもの、かたちや色柄が気張っていないものは、親子で着られます。

端をかがれば、いろいろ使えます
●身ごろを四角く切って

子供が小さかったころ着ていたトレーナーは、身ごろを四角く切って、ロックミシンをかけ、台布巾や手ふきとして使っています。また、子供の木綿のスカートも四角く切って縫い、お弁当風呂敷になりました。

(福岡県北九州市・筧和子さんより)

袖は袖で役立つんです
●便座カバー

トレーナーの袖を便座の寸法に合わせて切り取り、袖口にゴムを入れ、片方は縫いとじて、肌触りのよい便座カバーに。身ごろは枕カバーやクッションに利用できます。

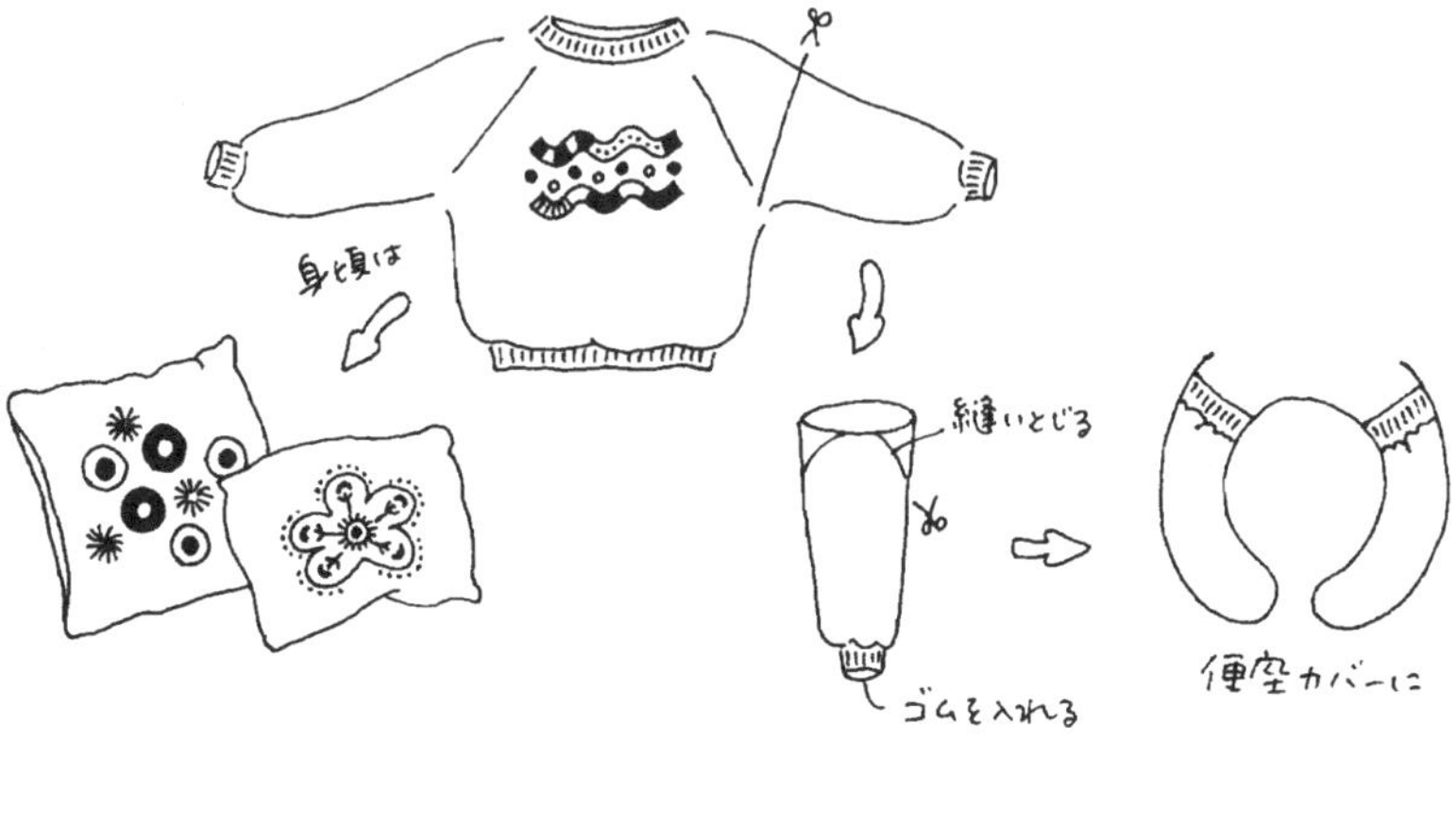

お気に入りは、長〜く着たい

●ベストに変身

　トレーナーから作った「カーディガン」の袖を取って、切り口をバイアステープでくるめば、ベストになります。別布でポケットをつけたり、衿ぐりをV字型にしても楽しい。

長さと幅がちょうどいいから

●袖から作る子供用ズボン

　図のように、トレーナーの袖口が足首になるように裁ち、ウエストにゴムを入れるだけ。大人のトレーナーの袖が、子供用のズボンになります。

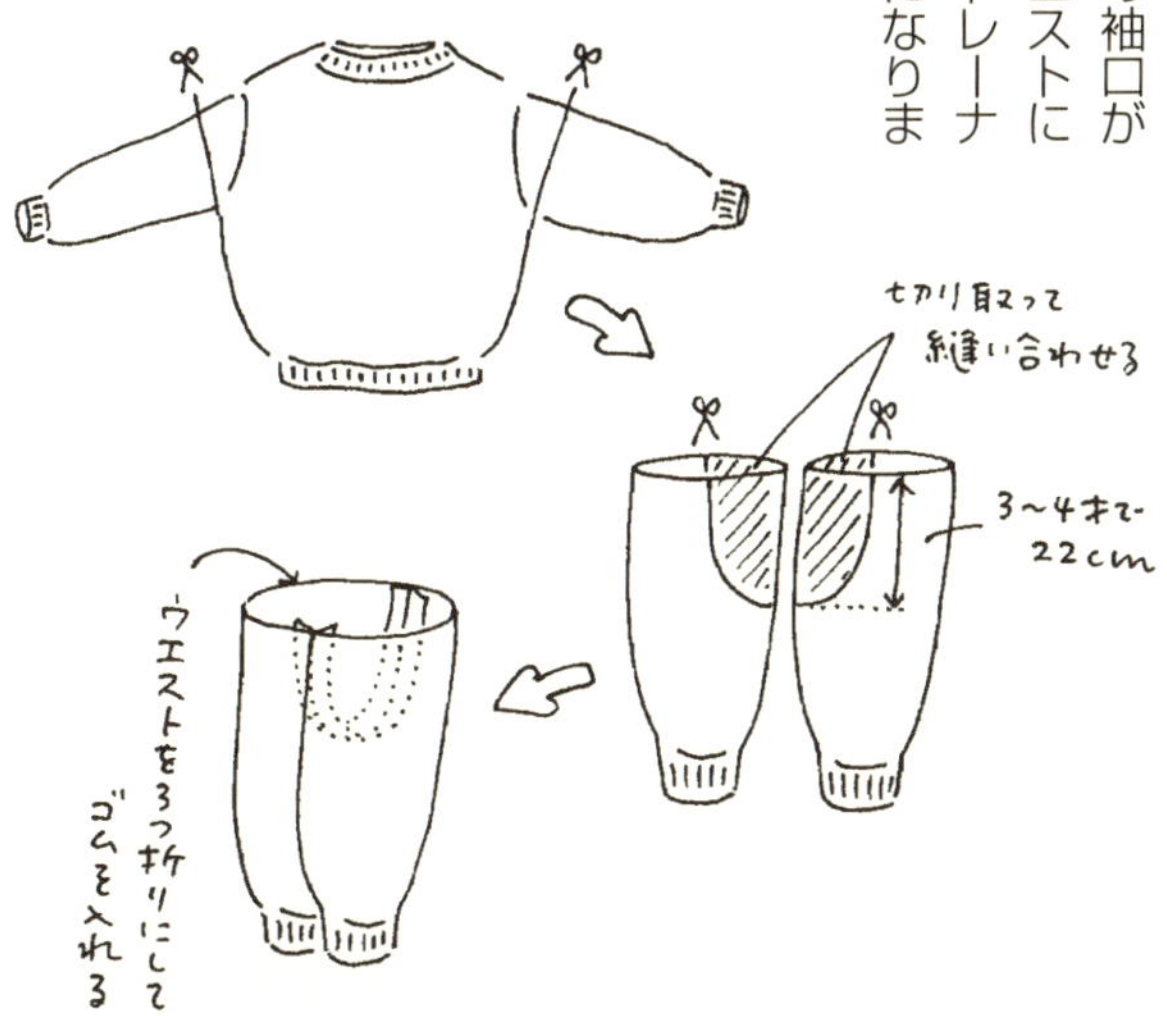

●手縫いのすすめ
大がかりな道具もいらず、思いついたときに、どこでも手軽にチクチク縫えるのが手縫いの魅力。ミシンでジャーッもいいけれど、手縫いは失敗してもほどくのがラクなので、すぐに縫い直せます。忙しい日常でも、ふと立ち止まって、そのよさを見直してみませんか。

たくさん作っておきたい
●トレーニングパンツ

おむつを取る練習をはじめた子供に、着古して柔らかくなった大人のトレーナーでパンツを作っておくと重宝します。

トレーナーの身ごろで、図のように股の部分がつながったパンツ型に裁ち、ジグザグミシンで縫い合わます。股の部分は布を二重にしておくといいでしょう。ウエストと裾に使うゴムは、くい込んで痛くならないよう、ソフトタイプの平ゴムを。

1枚から2枚のパンツができることになります。生地のしっかりしたTシャツでも作れます。

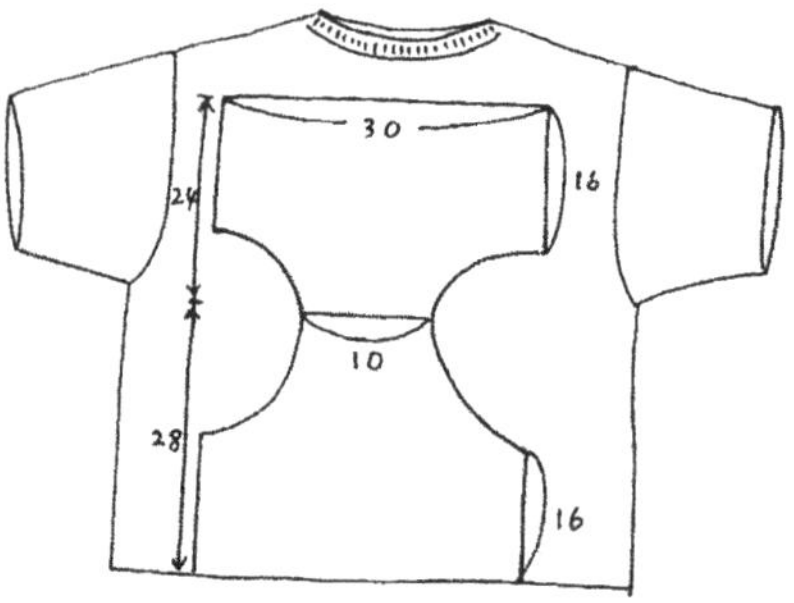

かえってオシャレになったりして
●袖口を靴下で補修

普段着用のトレーナーの袖口はどうしても傷みが早い。そんなとき、伸び縮みのする袖口の付け替え用に古靴下が最適。

靴下は足首の部分を切り取ります。輪の部分が二重になるように折り返して、トレーナーの袖口に縫い付けます。

●厚手の布も手縫いで
厚手の布は、手縫いするのが難しいと思われがちです。でも、布の厚みが縫い目の悪さをカバーしてくれるので、針目を気にせずに縫えてかえってラク。糸をあまり強く引くと、つってしまうのでゆるめに縫いましょう。

すそをウエストにします
●子供のギャザースカート

大人のトレーナーの身ごろを子供のスカート丈に合わせて切り、三つ折りにして始末します。裾のゴム編みの部分は、たいてい5センチ以上の幅があるので、太いゴムを入れるか、ゴム通しの縫い目を入れて、細いゴムを2、3本入れれば、ギャザースカートのできあがり。

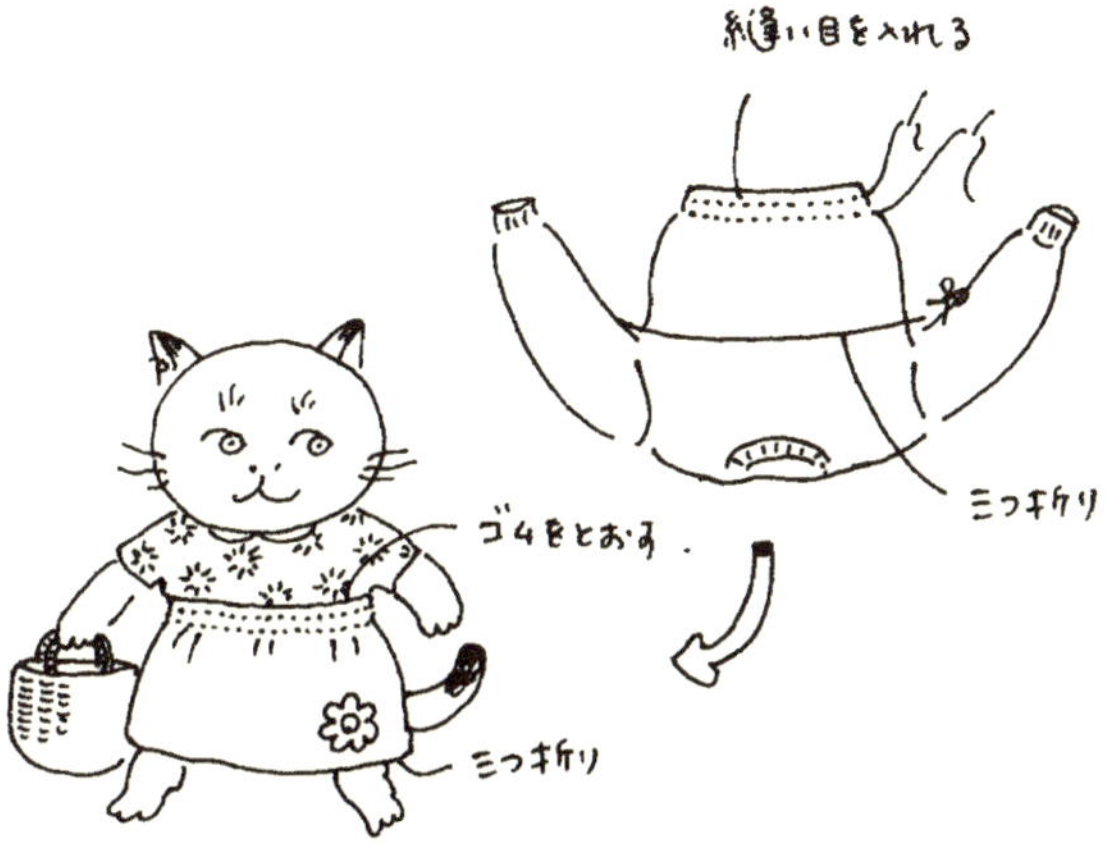
縫い目を入れる
三つ折り
ゴムをとおす
三つ折り

リフォームだから、汚しても気にならない
●子供のベストとズボン

大人のトレーナー1枚から、上下おそろいの遊び着を。

ベストは①衿口をいかして裁つ。②裾のゴム編みをいかして裁つ。③上下をいかして裁ち、真ん中ではぎ合わせる方法、この3通りがあります。いずれの場合も脇は子供サイズに裁って縫い合わせます。衿口、裾、袖口の始末はバイヤステープか三つ折りに。

ズボンは〈袖から作る子供用ズボン〉19ページを参考に。

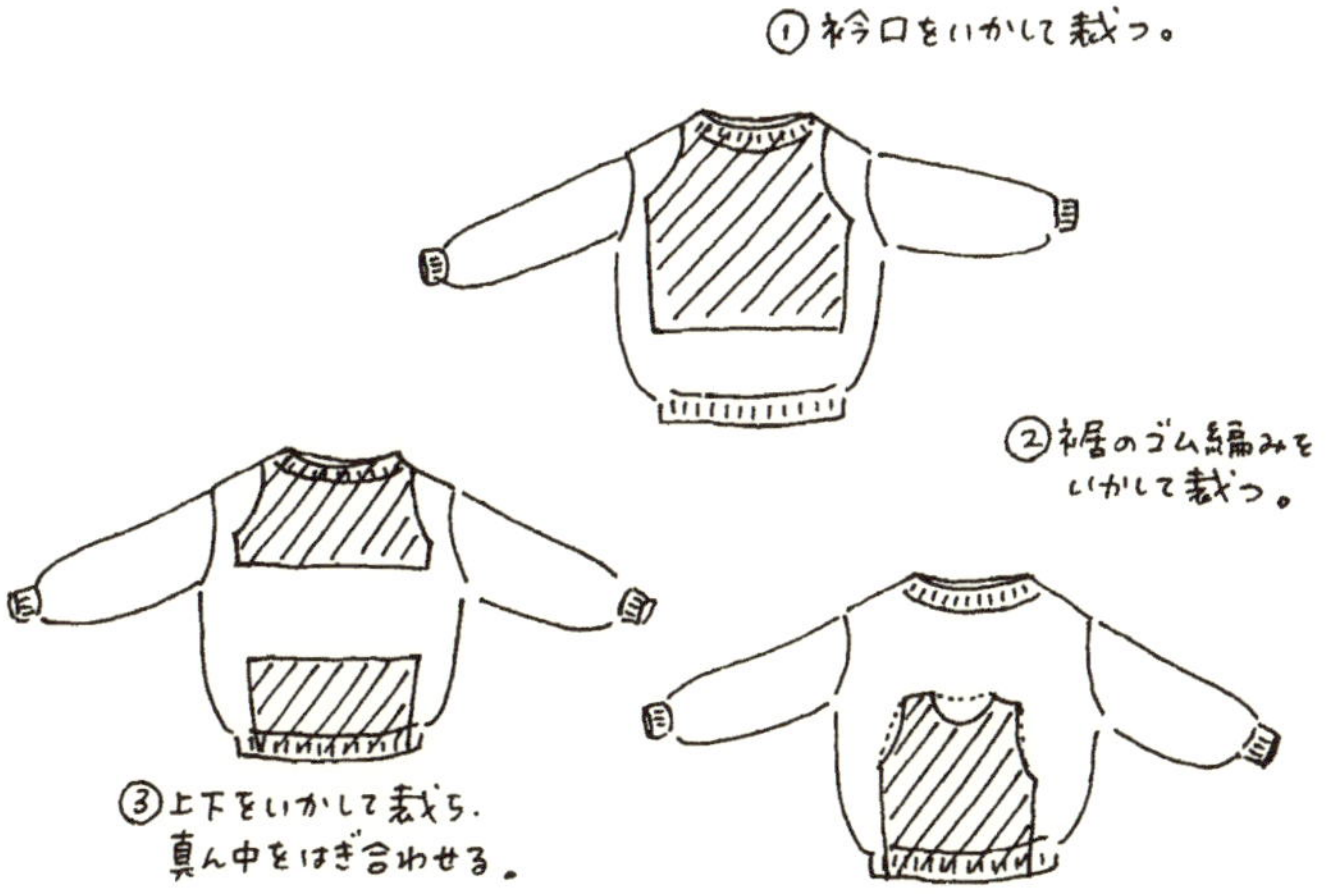
①衿口をいかして裁つ。
②裾のゴム編みをいかして裁つ。
③上下をいかして裁ち。真ん中をはぎ合わせる。

遊び着にもなります

●子供の食事エプロン

薄手のトレーナーの前後を逆にして、スモック風エプロンを作りました。前身ごろ中心をまっすぐに切って、上部にマジックテープを縫いつけます。袖は子供の寸法に合わせて切り、三つ折りにしてゴムを入れるだけでできあがりです。（新潟県新発田市・高坂玲子さんより）

気がひけるくらい、簡単

●学校用座布団

トレーナーの形をそのまま利用して、ボタンをつけたままの座布団です。もしもの時には防災頭巾に早がわり。

衿は縫いとじ、裾に大きめのスナップボタンをつけ、前身ごろと後身ごろを留めます。左右の袖口にはボタンとひもを縫いつけて袖で輪を作り、これを椅子の背もたれにひっかけるだけ。中に古毛布やタオルを入れても。

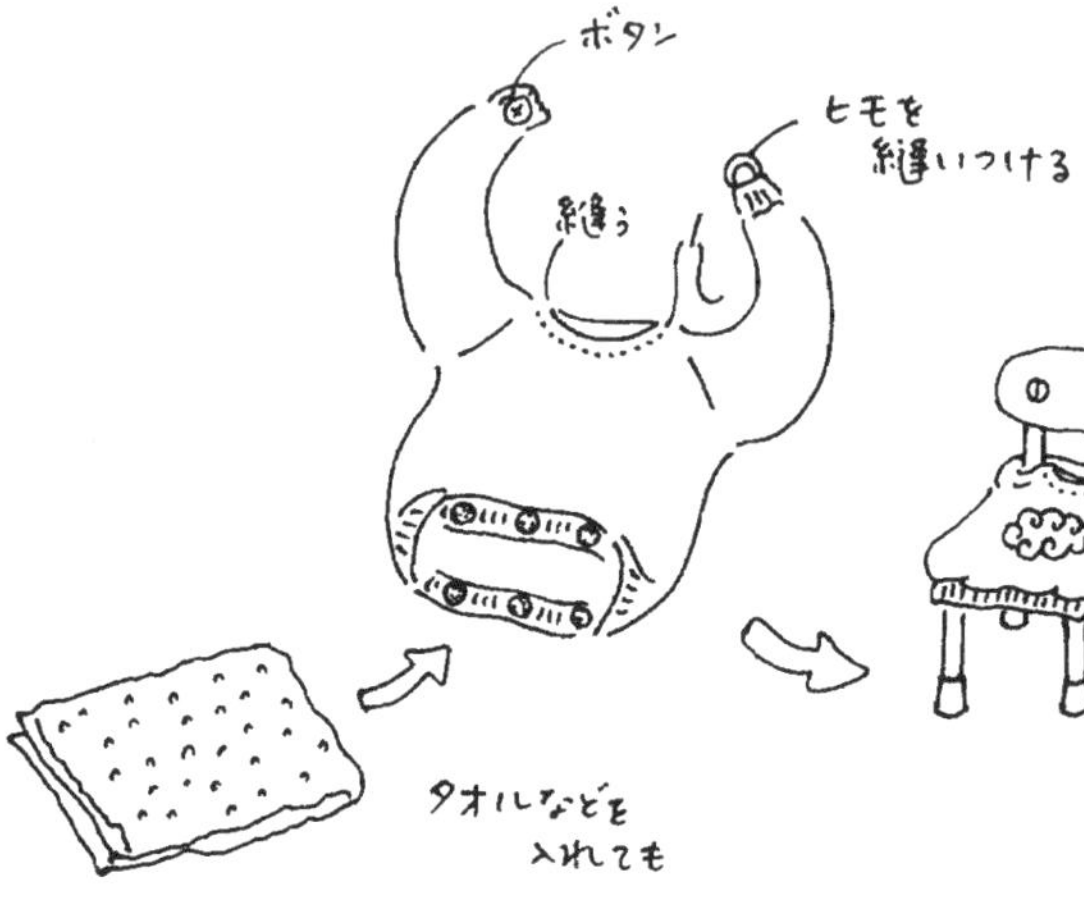

Tシャツ

夏の定番ともいえるTシャツは、汗をよく吸い取ってくれるので、肌にじかに着るには格好の素材です。ただ、頻繁に洗濯するせいもあって、色があせたり型くずれしやすいのが玉にキズ。そこを逆手にとって、いろいろなものに作り直してみましょう。

派手なシャツほど楽しい
●ランニングのストック袋

ヨレヨレになってしまったランニングの裾を縫いとじるだけで、トイレットペーパーや石けんなどの買い置きを入れておくストック袋になります。ランニングの肩のところを、フックに吊り下げられるので便利。底に空き箱のフタや厚紙を入れるとしっかりします。もちろん、買い物袋としても応用可能。

赤ちゃんがおしゃぶりしても安心
●クッションの中身に

Tシャツを5センチくらいの幅に切り、クッションやぬいぐるみの中身にしては。適度の弾力があるし、丸洗いもできます。

まだまだ捨てません
●Tシャツをランニングに

何回も洗って型くずれしてしまったTシャツは、袖を切り取って、普段用のランニングに作り直してみてはいかが。このとき、袖ぐりを少し広げればより涼しくなります。好みの色に染めても。

木綿の心地よさをいつまでも

●Tシャツからフイット肌着

脇と袖下を図のように、ひっぱりながら縫って、Tシャツを肌着に。ウエストをいくらか細くすると、からだにフイットするように作れます。

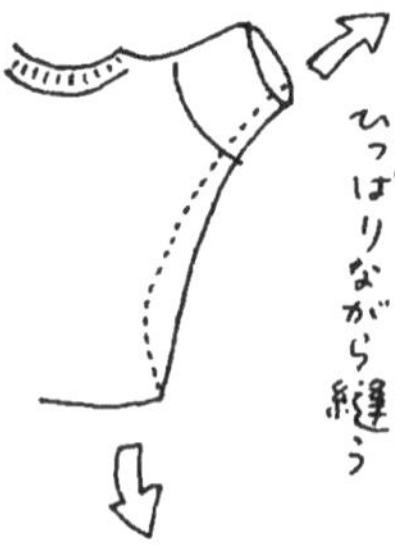

こうしてひと手間かけて

●衿ぐりが傷んだら

Tシャツのいちばん傷みやすいところは衿ぐりです。大きめのものなら、裾を切り、切った部分で衿を作って、ハイネックTシャツに。

お気に入りのTシャツを長く愛用できます。

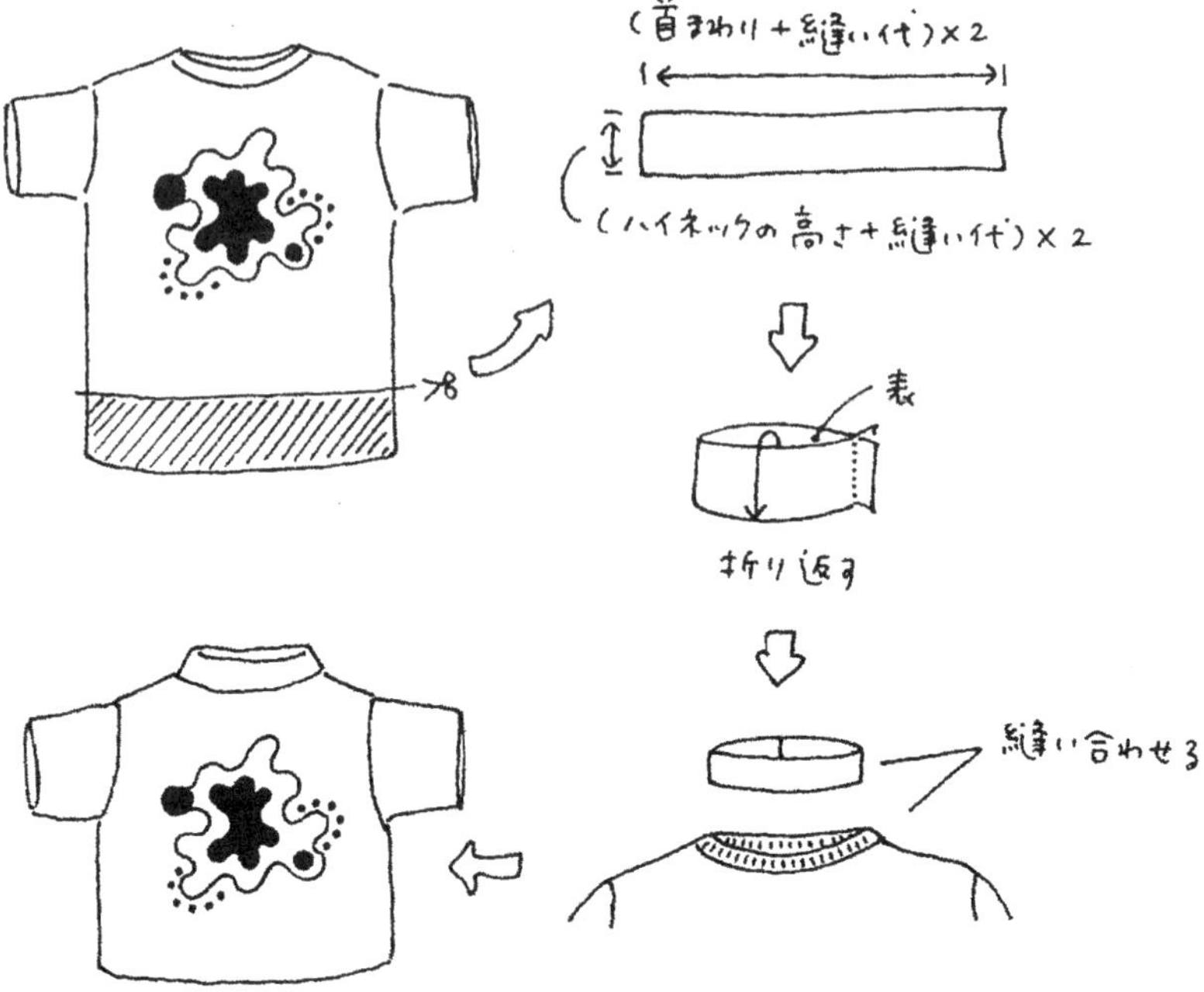

●Tシャツに一工夫
Tシャツの衿ぐりに、糸をちょっと刺すだけで、世界に１枚しかない、オリジナルTシャツに。衿ぐり、袖口、糸の色を変えて刺しても楽しい。

柔らかいから、かさばらない

●便利な巾着袋

古くなったTシャツで、いろいろな大きさの巾着袋を作っておくと便利。たとえば旅行のとき、靴下や小物入れとして、いくつか余分に持って行ってもかさばらず、何かと役立ちます。

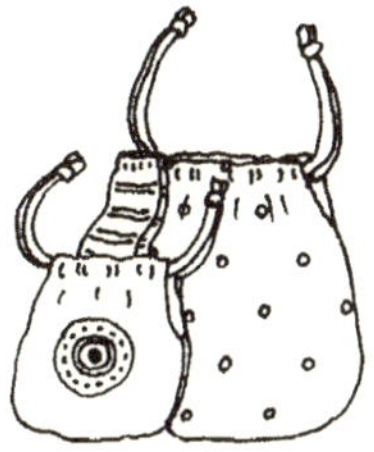

あれっ、昨日までパパが着てた？

●大人用から子供の上下

Tシャツの伸縮性と肌触りのよさは捨てがたいもの。そこで大人用のTシャツ2枚を、子供用のTシャツとズボンに作り直したら、遊び着に、パジャマ代わりにピッタリです。

まずはTシャツ。子供用のTシャツを型紙がわりにして裁ちます。そのとき、袖下は直角でなく、カーブをえがくように裁ち、カーブをひっぱりながらジグザグミシン。衿ぐりにゆるくゴムを通してできあがり。

続いてズボン。大人用の裾を生かしながら、図のように裁ちます。股上、股下、ウエストにジグザグミシンをかけ、ウエストにはゴムを。

ビッグサイズのTシャツなら、1枚で子供用の上下が作れます。

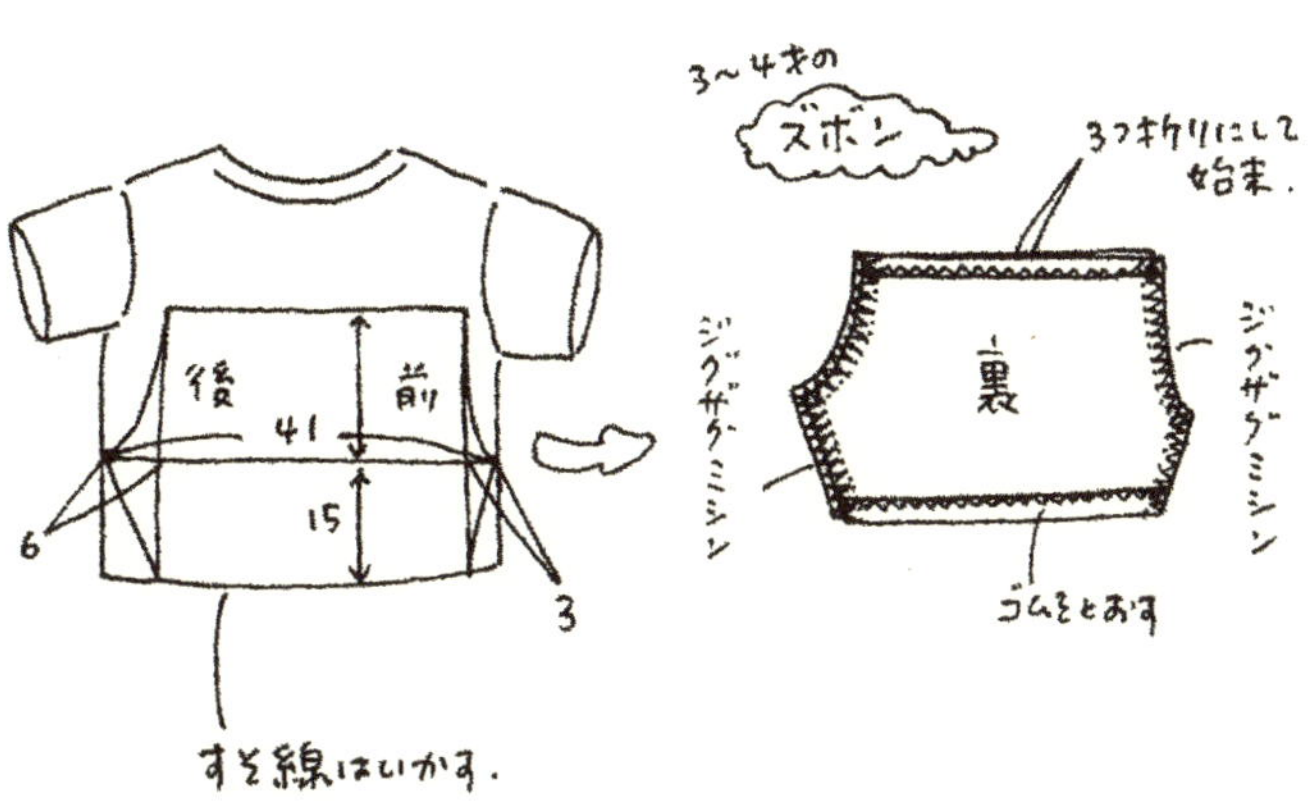

子供の衣類

すくすくと成長するのはうれしいけれど、あっという間に小さくなってしまう子供の衣類。そこで、少しでも長く着られるよう、頭をひねって一工夫。また、小さくなった衣類は、バザーなどに提供して着回すだけでなく、一手間かけて、思い出の品を作ってみても楽しいものです。

小物入れにもなります

●吊りズボンの手さげ

肩吊りのついた子供用ズボンの脚の部分を切り取って、縫いとじるだけ。肩吊りを手さげの持ち手にそのまま利用した、超簡単手さげカバンです。

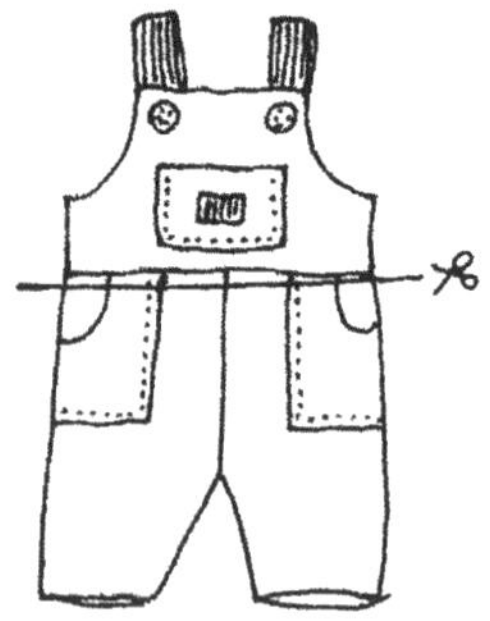

きょうだいで着回しましょう

●小さい子用に作り直す

子供は元気。すぐにズボンの裾がすり切れたり、膝が薄くなってしまいます。そこでちょっと手を加えて、大きい子用を小さい子用に作り直しましょう。

裾の傷んでいるところを切り取り、ウエストのゴムを調節。膝などが破れていたら、当て布でアップリケを。市販のものより股上が深いデザインのズボンが作れます。

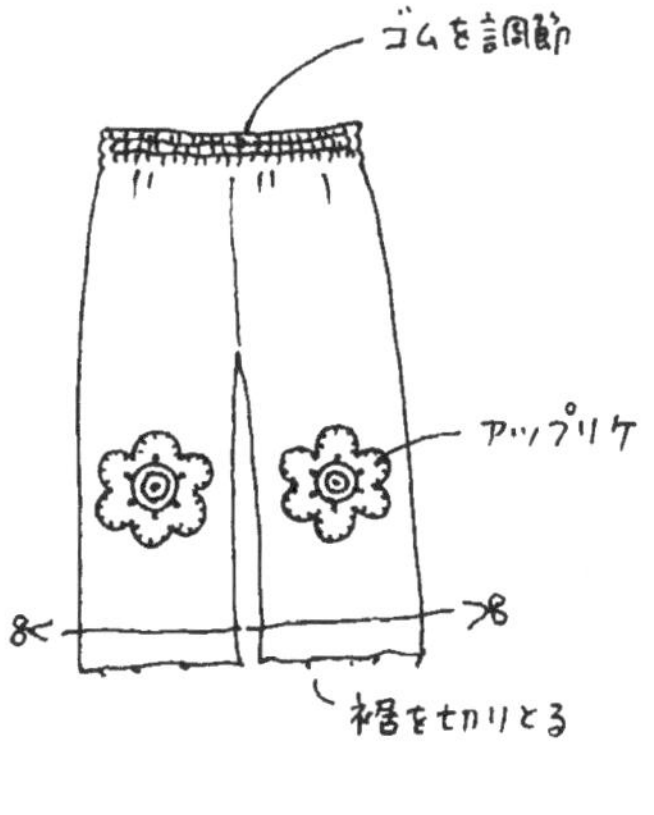

すぐに大きくなってしまうから
●ロンパースを上着に

足先までひと続きになっている、赤ちゃんのロンパース。成長してきゅうくつになったら、脚の部分を切り取って上着に。首回りがゆったりしているものなら、思いのほか長く着られます。

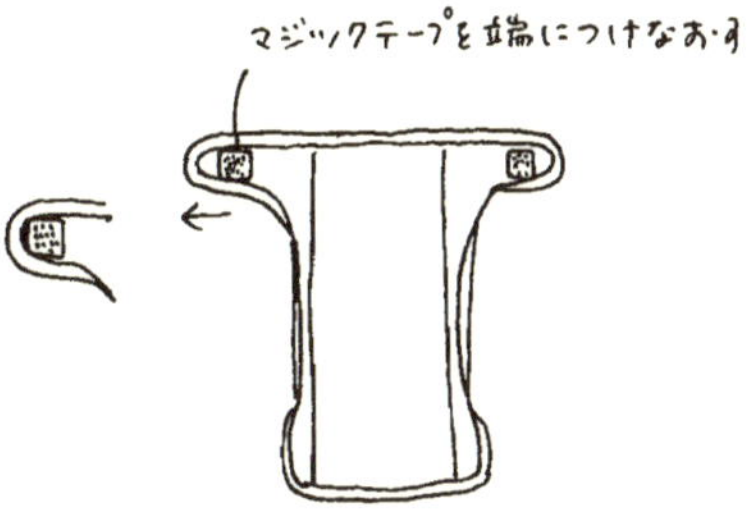

もうすぐおむつ卒業
●きゅうくつになったおむつカバーは

もうすぐ用済みになるのに、ちょっぴりきゅうくつになってしまったおむつカバー。新しいものを買うのはもったいない。そこで市販のマジックテープを縫いつけて、ゆるみをつけたら、もうしばらくは使えるようになりました。布おむつ支持派にオススメのアイデアです。

かわいい柄が街で映えます
●スカートでバック

ウエストにゴムの入っている子供のスカートは、裾を縫いとじて持ち手をつけるだけで、手さげバックに。口がゴム入りというのは、思いのほか使い勝手がいいんです。

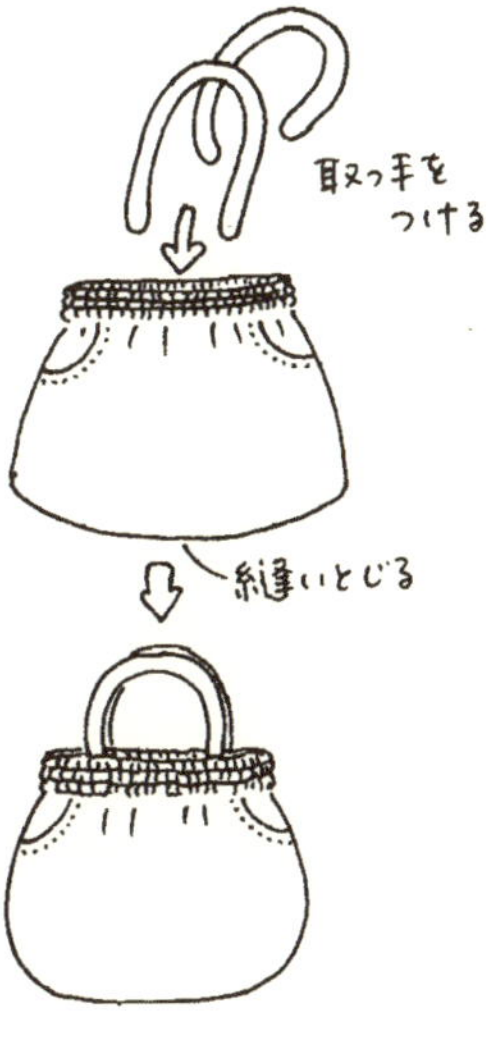

しまっておくのは、もったいない

●七五三の着物から

　華やかでかわいい七五三の着物は、テーブルセンターやランチョンマットに。茶碗の上にふんわりと掛けておくカバーにしても、見栄えがします。

葉っぱ色でなくてもいいんです

●手作りクリスマス・ツリー

　たまたまあった緑色のコール天のズボン。思いついてクリスマス・ツリーを作りました。

　ズボンの脚のところでツリー型を裁ちます。まわりを縫って、中に綿を少し詰めて立体的に。これを3つ合わせて、ありあわせのボタンをつけるだけ。このボタンにオーナメントを吊るせば、子供たちも大喜び。オーナメントも手作りなら、もっとステキです。赤やピンクのツリーを作ってもかわいいもの。

ズボンの脚のところで
ツリー型を6枚とる
縫い合わせ
ワタを入れ
これを3つつくって
縫い合わせる.

思いっきり、遊んでおいで

●ズボンの膝が破れたら

元気いっぱいに飛び回る子供のズボンの膝に穴があいたというとき。もっとも簡単な方法はいうまでもなく、丈夫な別布をアップリケ風に縫い付けること。

もうひとつの方法。膝の部分を10センチくらい、ザクザクと切り離し、ズボンと同寸法の筒型に縫った、別布をはめこみます。別布の色や柄がアクセントになって、かえっておもしろい効果が生まれます。

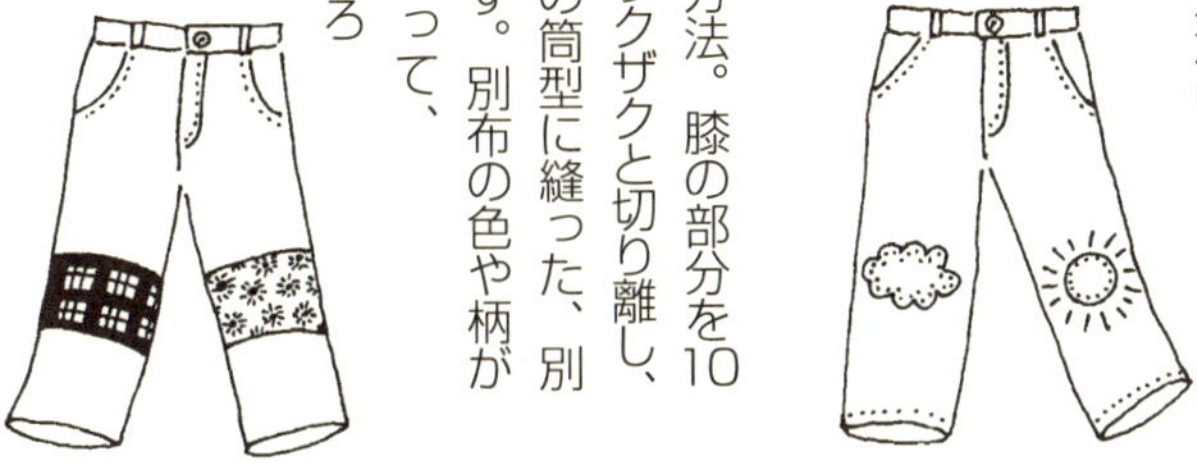

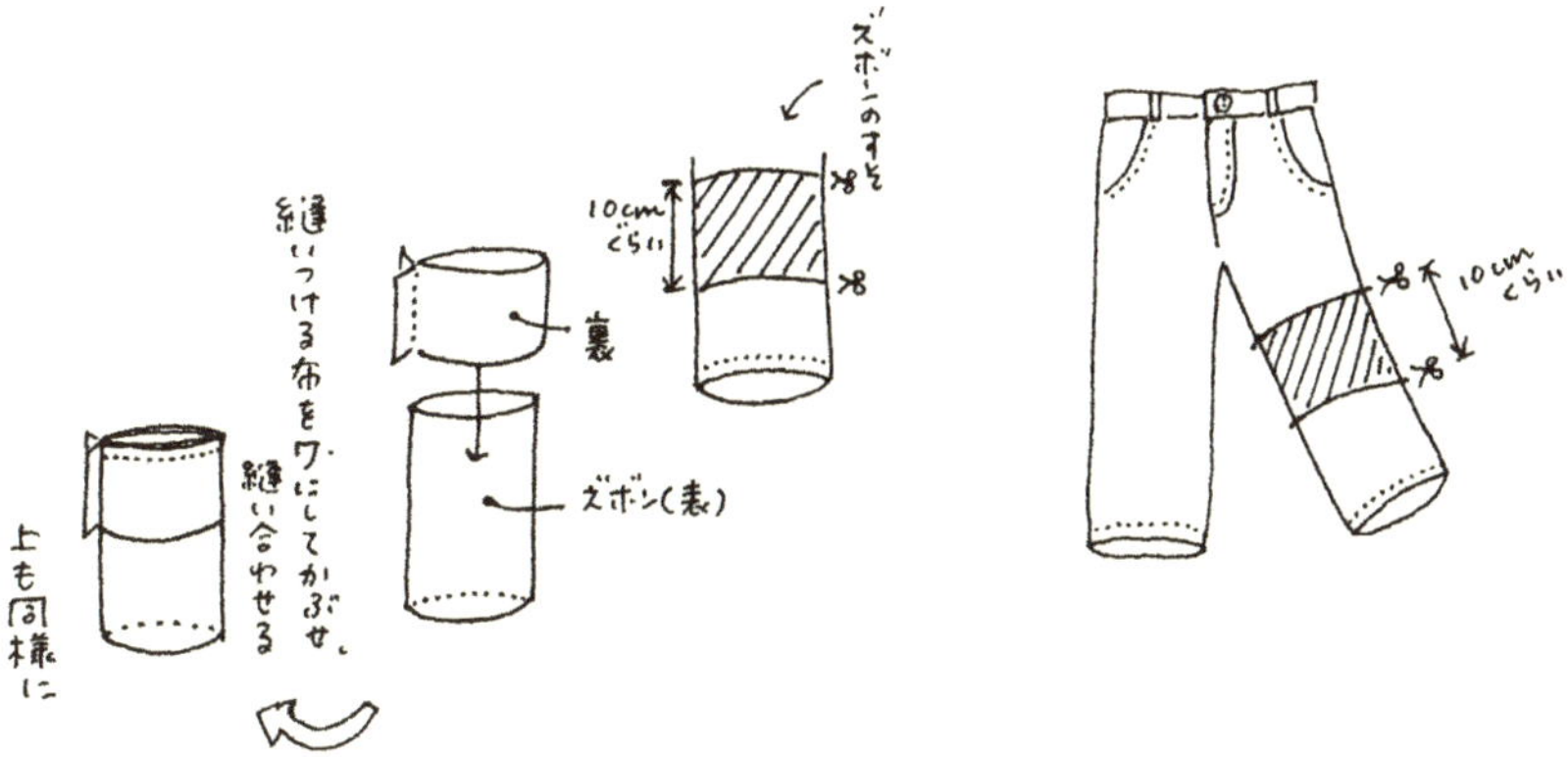

オリジナルの大作が完成

●みんなつなぎ合わせてマットに

小さくなった子供の服や靴下、余りぎれなどを、みんな縫い合わせてマットを作ったら、子供が転げまわって遊んでいます。思い出の服をつなぎ合わせて作れば、世界で1枚しかないマットに。パッチワークより簡単で、不揃いなところがまた楽しい。

ジーンズ

とにかく厚手で丈夫。着始めはゴワゴワしていて扱いにくい生地ですが、使い込んでいくうちに柔らかくなり、体型になじんできます。こうなれば縫うのが楽になり、手縫いだって苦になりません。古くなるほどに、生地そのものの持ち味が増すジーンズ。とことん、活用したい素材です。

気づいたら、全体に刺していた

●ジーパンの刺し子風

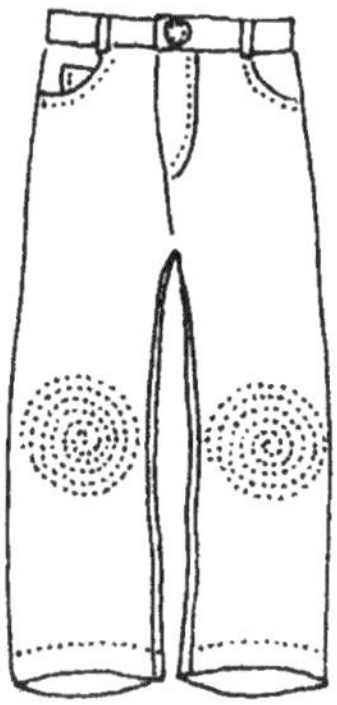

膝が薄くなって、穴があく寸前のジーパンは、太めの糸で刺し子風に刺し縫いして補強。生地が肌になじむほどに柔らかくなっているので、針目なんか気にせずに、好みの色の糸でチクチクと刺せば楽しい。

身の回り品の片付けに

●スカートからウォールポケット

ジーンズのタイトスカートを、そのまま生かして作りました。
　スカートの両脇を切って、前と後に分けます。前スカートのウエスト部分を切り取り、端をミシンで始末し、上部は棒を差し込めるよう3つ折りに。後ろスカートでポケットを作り、縫いつけます。棒を差し込み、ひもで吊るせばできあがり。

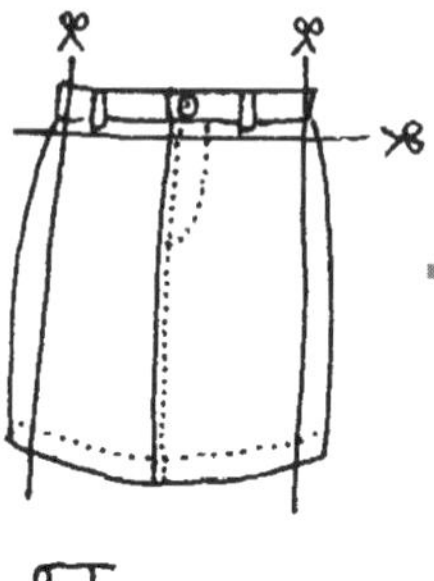

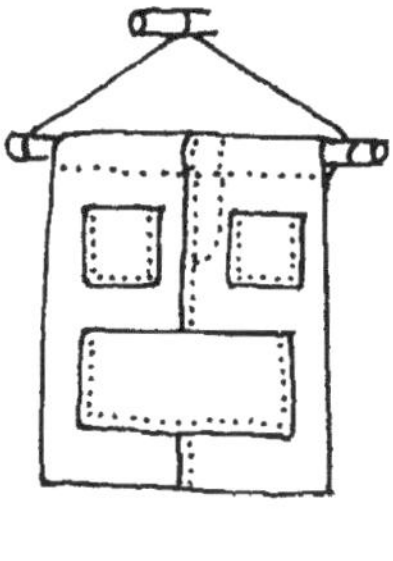

ウエストがきつくなったときも

●ロングスカートから

裾が足首まで届く、ジーンズのロングスカートを、サスペンダー付きのスカートに作り直してみては。

ロングスカートを脇のファスナーすぐ下で切り離し、端は幅広のバイヤステープで始末しておきます。その両端にゴムを入れて、ウエスト寸法を調節。サスペンダーを使ったり、別布で幅広の吊りひもをつけます。ゆったりサイズに作ると、マタニティウエアとしても。

切り取った残りの部分で、ポシェットや小粋な帽子を作ってみても。

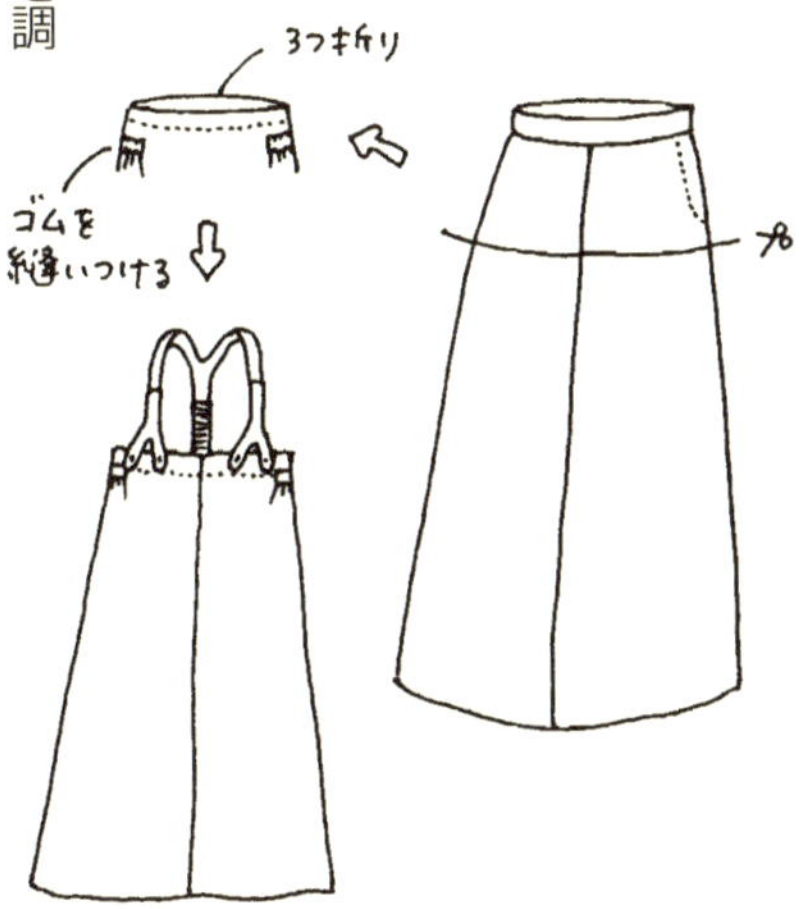

色の違いに味がある

●2本のジーパンから

膝だけがすりきれてしまった2本のジーパン。1本のジーパンを膝のところで切り離し、すその後ろ部分をハサミで切り離して、もう1本のジーパンに縫いつけます。

膝で切ったジーパンは、そのまま、短パンとして使えます。

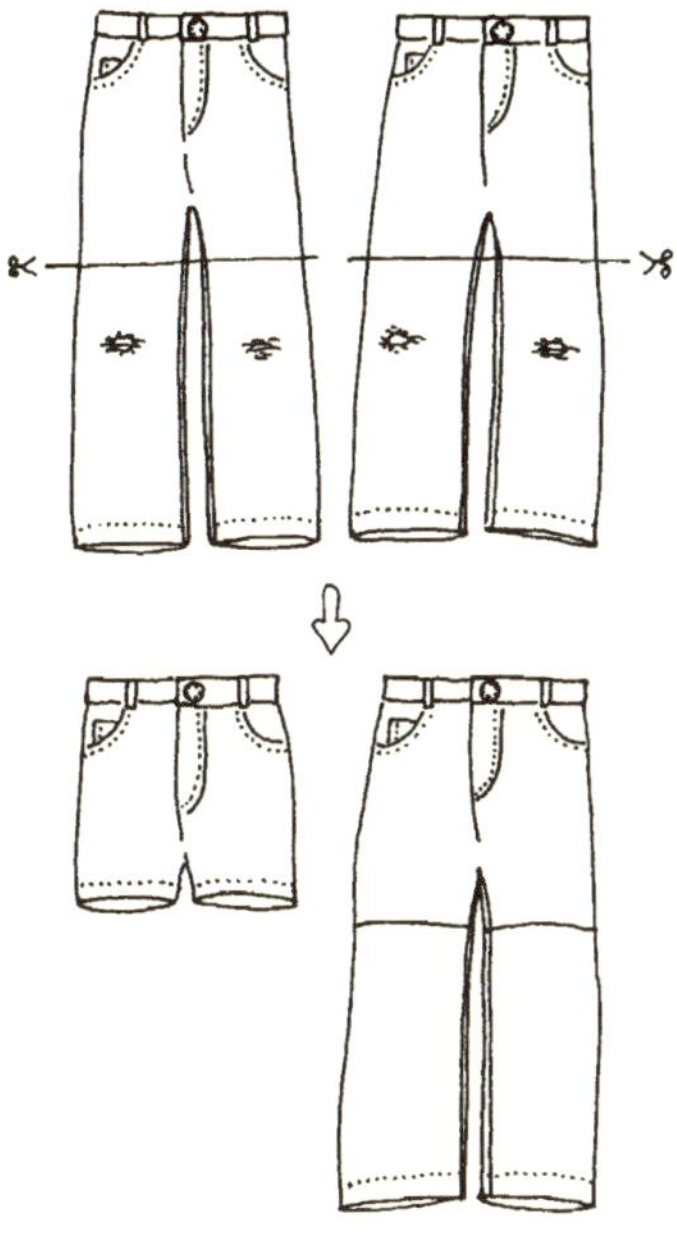

車洗いのとき、1枚ほしい
●ジーパンからエプロン

膝のあたりが傷んできたジーパンの傷んでいないところで、エプロンを作ってみました。

股のところにハサミを入れ、脚の部分を切り取ります。これを左右とも前後に分け、4つのパーツに。前側は膝の傷んでいるところを切り取り、図のように4枚を縫い合わせます。ひも通しのループをつけ、市販の厚手のテープを通します。もとのジーパンのポケットをはずして縫い付ければ完成。

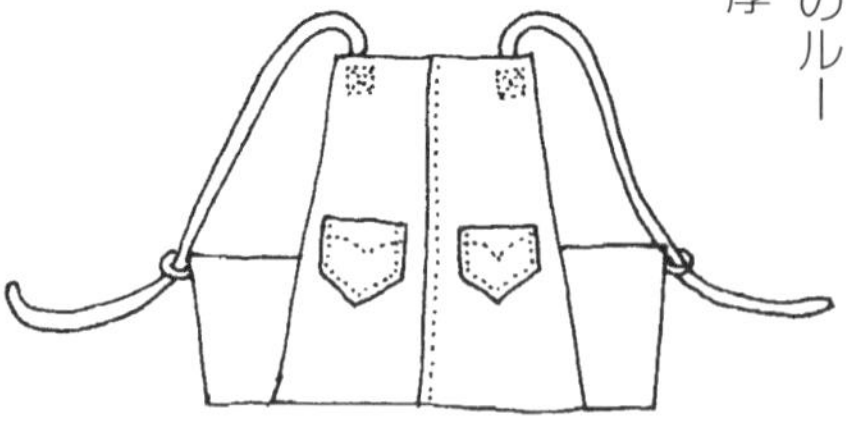

ポップな持ち手をつければ楽し
●ポケットでポシェット

ズボンやジーパンなどをリフォームした後、使わなかったポケットでポシェットを作ってみました。同じ型のものを2枚縫い合わせ、出し入れ口にファスナーや、マジックテープをつけるだけ。小さめのポケットなら、コインケースにもなります。

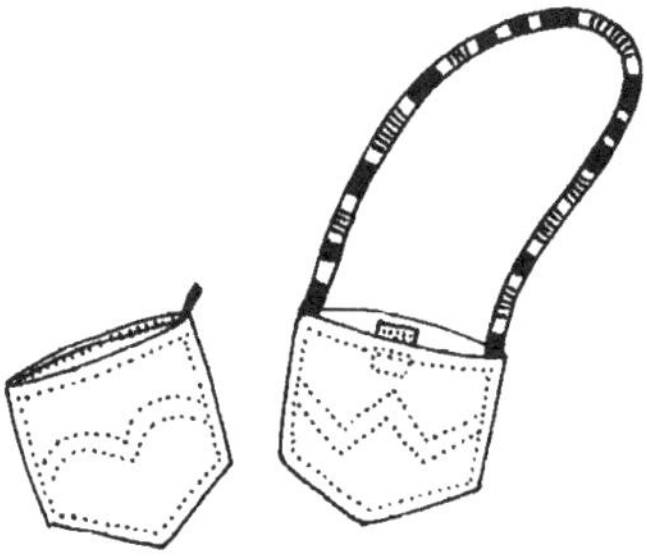

●自動車工場の油ふき
Tシャツや木綿のものは、自動車工場に持っていって、修理用の油ふき布として使ってもらっています。（福岡県北九州市・筧和子さんより）

大人のスカート・ズボンなど

大切に着ていても、サイズが合わなくなったり、傷んでしまったなじみの服。その形や素材を生かしながら、さてどんなものに再生させましょうか。リフォームのポイントは、思い切って遊んでしまうことです。

アジアンテイストになっちゃった
●ヒップがきついスカートは

体型の変化から、はけなくなってしまったスカート。裏なしのシンプルなデザインなら、ひと手間かけて再生可能です。

まず、ウエストベルトをとりはずし、中央よりやや脇寄りに、配色のよい別布をはめ込みます。同じ布でウエストベルトをつけ、飾りボタンをつけたら、まったく雰囲気の違ったスカートの出来上がりです。

長さに余裕のある場合は、ウエストベルトではなく、ウエスト部分を輪に縫って、ゴムを通しても。

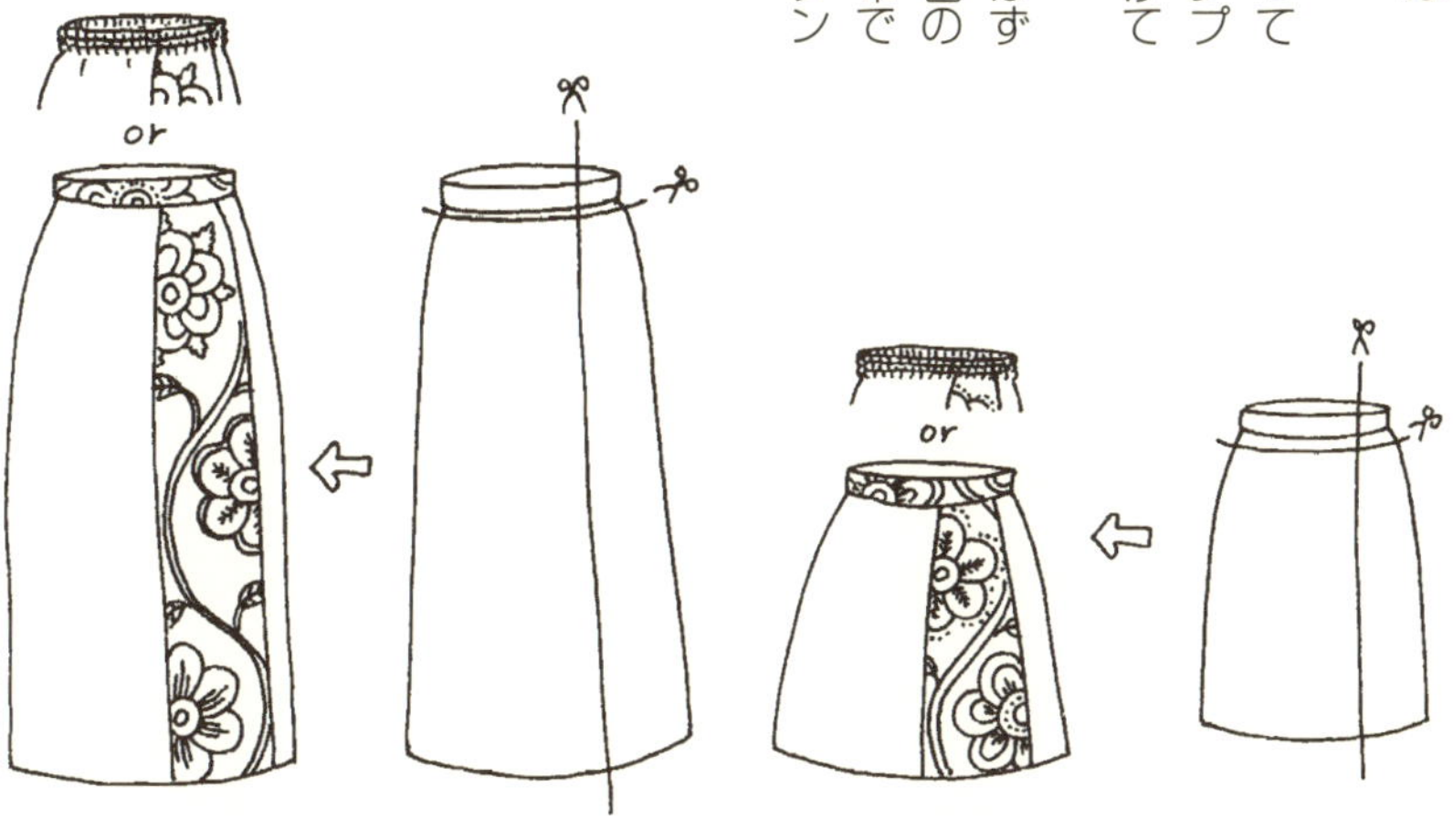

ただの短パンではつまらない
●バミューダパンツ風に

小さくなった薄手のコットンパンツは、思い切って膝丈で切り落とします。脇は縫い目をザクザクと切り、手持ちの別布を縫い足せばゆったりとしたバミューダ風のパンツに。切り取った膝下の部分でマチを作り、はめ込んでも。

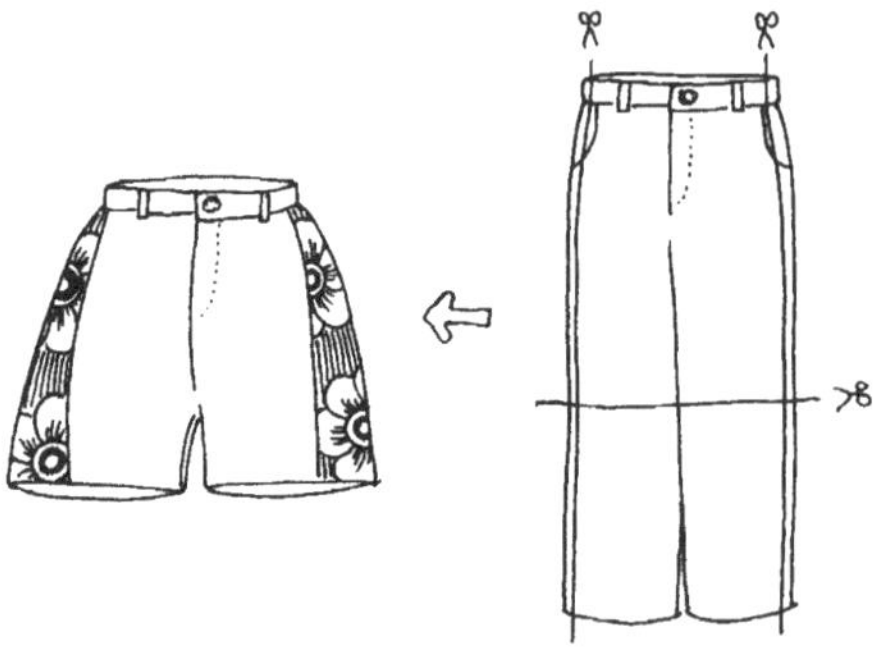

先手必勝、刺し縫いで長持ち
●膝が薄くなったズボンは

大人用のズボンは、薄くなった膝にアップリケというのはちょっと恥ずかしい。そこで膝が抜けてしまう前に、裏から当て布を当てて、刺し子風に縫いつけておきます。細かい縫い目なら、ほとんどわかりません。

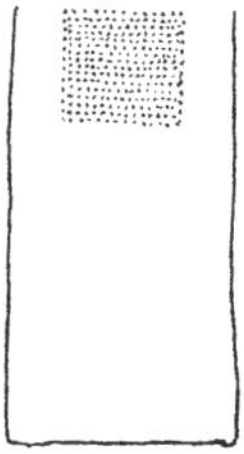

バイアステープでささっと始末
●ワンピースからエプロン

長いことタンスにしまってあった、サッカー地の半袖ワンピースでエプロンを作りました。

まず、袖と衿、後ろ身ごろのファスナーを取りはずし、前身ごろがエプロンの前になるようにカット。胸当ての上部をバイヤステープでくるみ、結びひもを縫いつけます。

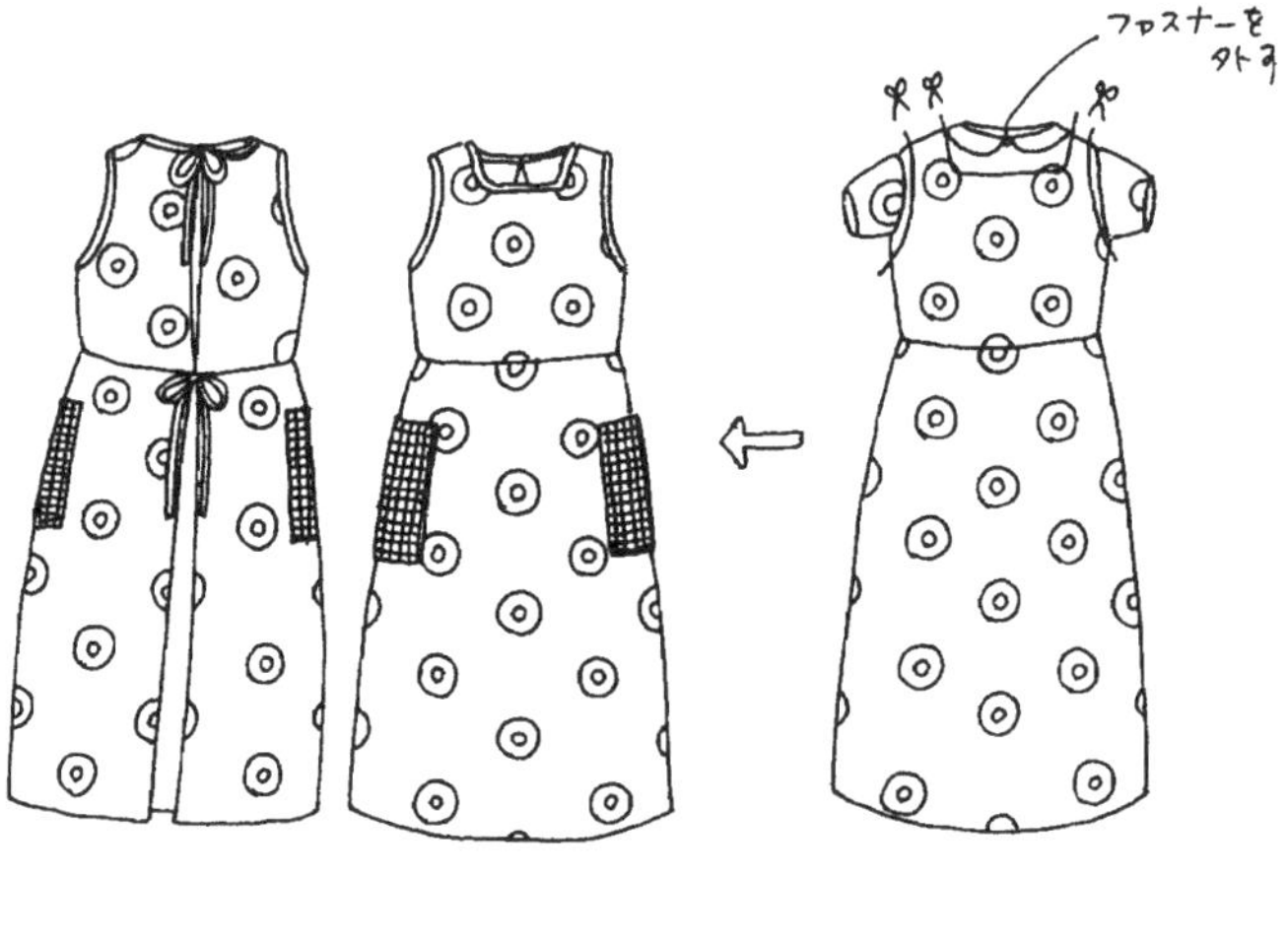

バザーに出したら好評でした

●鍋つかみ

着る機会のないままタンスを占領している厚手のスカートやコートは、好みの形に切って、鍋つかみと鍋敷きに。3枚くらい重ねれば熱くないし、もとが濃い色なら、汚れても目立ちません。

冬用にウール地で作りたい

●クッションカバー

着なくなったスカートやズボンは、クッションカバーにリフォームしています。パッチワークのようにひと手間かけて、継ぎ合わせたり、色合いを考えたりと楽しんでいます。（福岡県北九州市・筧和子さんより）

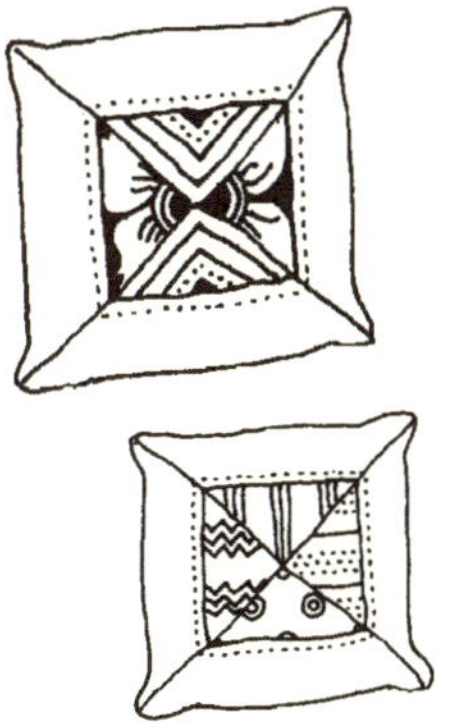

ママが若いときに着たんです

●大人のブラウスから子供用ジャンパースカート

ブラウスの袖は切り取って、三つ折りに。裾はまっすぐに切って、余り布をたしてスカートに。胸に大きなポケット、後にはリボンをつけて、かわいいジャンパースカートができました。（新潟県新発田市・高坂玲子さんより）

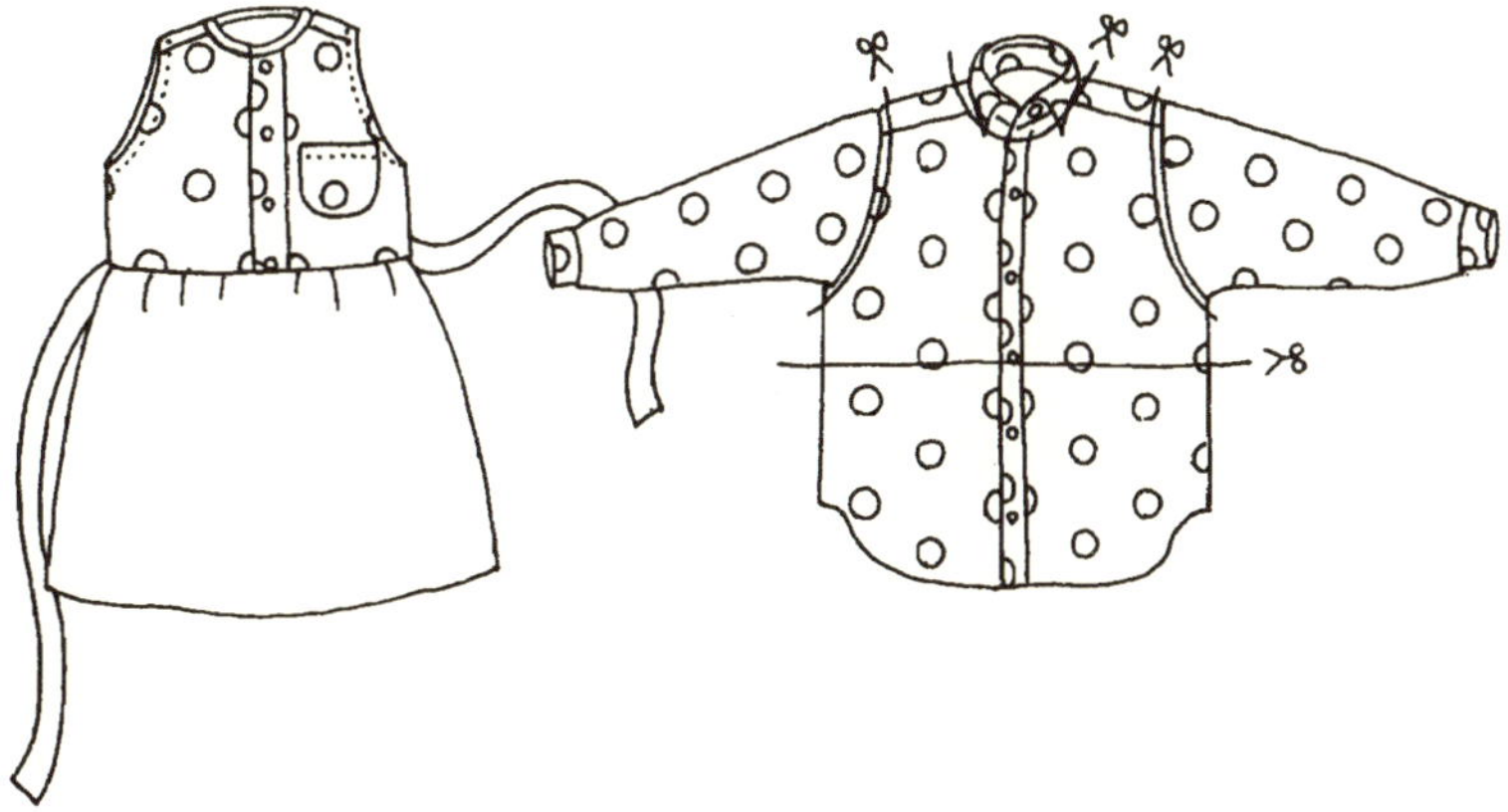

これさえあれば、ヤル気が出ちゃう

●レインコートの作業用上着

流行遅れのレインコートの丈をつめて、土いじりや庭掃除用の作業着を作れば、意外に重宝します。袖口にゴムをいれておけば、袖下がじゃまにならず、水にも強いので、泥がはねても気になりません。（京都市・小玉光子さんより）

●脱水ぞうきん
Tシャツなど、木綿のものをぞうきんのサイズ、またはぞうきんの２〜３倍の大きさに切っておきます。これをいったん、ぬらした後、脱水にかけた「脱水ぞうきん」は、電気製品やフローリング、ドアなど、水ふきできない箇所のそうじに威力を発揮。何回か使って汚れたら、トイレや網戸、車の掃除に最後まで使いきっています。（東京都葛飾区・芳野あおさんより）

ワイシャツ

ワイシャツは消耗品。いつの間にかたくさんたまってしまい、置き場所をとるものです。でも、素材、形、硬い衿と、アイデア次第で応用範囲が広がります。多少値が張っても木綿素材のワイシャツなら、さらに用途が広がるでしょう。

つまりは細なが〜い巾着袋

●袖で傘のケースを

袖口が底になるので、カーブをつけて縫いとじておきます。折りたたみ傘の長さに、ひも通しの分を足した寸法で切り、三つ折りにしてひも通しを作ります。手持ちのひもか、余り布で作ったひもを通してできあがり。

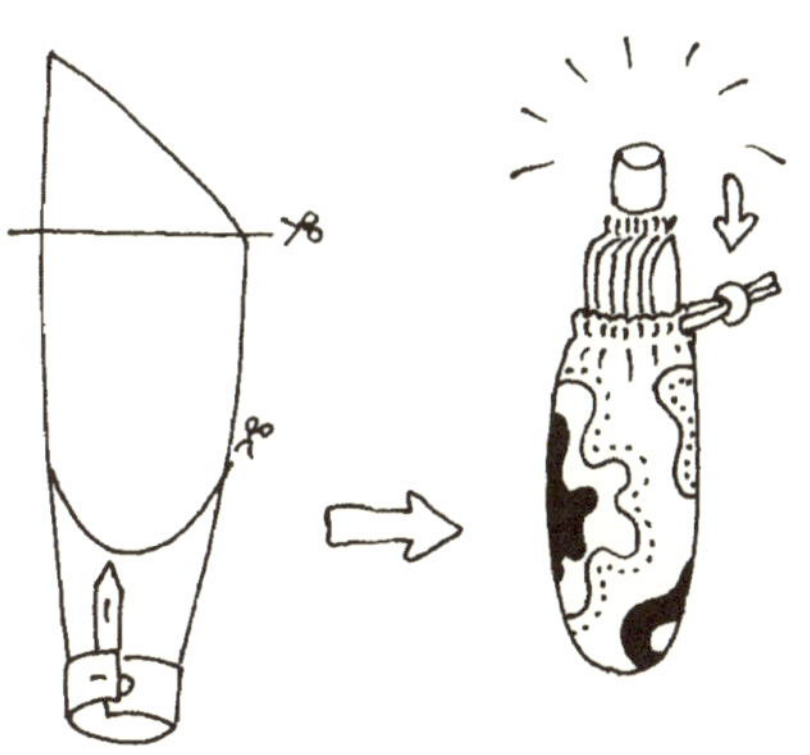

その硬さがちょうどいい

●カラーからペンケース

傷みの少ないワイシャツのカラーは、そのまま二つ折りにして縫い合わせ、ファスナーをつけると、ちょうどペンケースのサイズになります。中に芯が入っているので、しっかりして使いやすい。

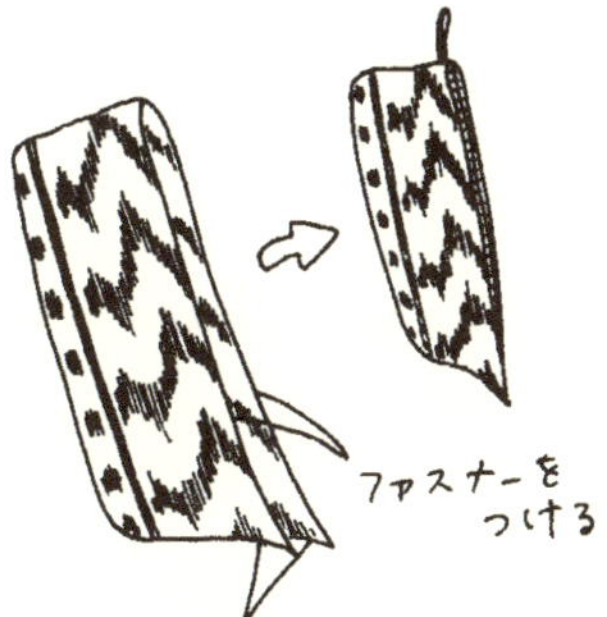

●絹の布で洗顔
古くなった絹のシャツを適当な大きさに切って、顔を洗うときに使っています。柔らかいので、肌があれているときなど、いい具合です。

白いワイシャツで作りたい

●料理人風割烹着

衿をはずし、カフスを取ってゴムを入れ、そのまま割烹着として使っています。男物なので、動くのにラクです。（兵庫県伊丹市・西郷正子さんより）

夏のお出かけ着になりました

●赤ちゃんの上下

お父さんの木綿のワイシャツは、何枚あってもよい赤ちゃん服にかっこうの素材です。

衿と袖をはずし、身ごろの中ほどでカットして上下に分けます。衿ぐりと袖ぐりはバイアステープでくるんで始末。このとき、レースを付けてもかわいいもの。前ボタンはそのまま生かし、裾を三つ折りにしてまつれば、上着の完成です。

パンツはワイシャツの裾のカーブをそのまま生かして作ります。前ボタンを縫いとじ、ラクにおむつ替えできるよう裾のカーブの真ん中にスナップを。ウエストにゴムを通し、パンツの裾には、平たいゴムを縫いつけます。使わなかった袖でつりひもを作って、ブルマパンツに。

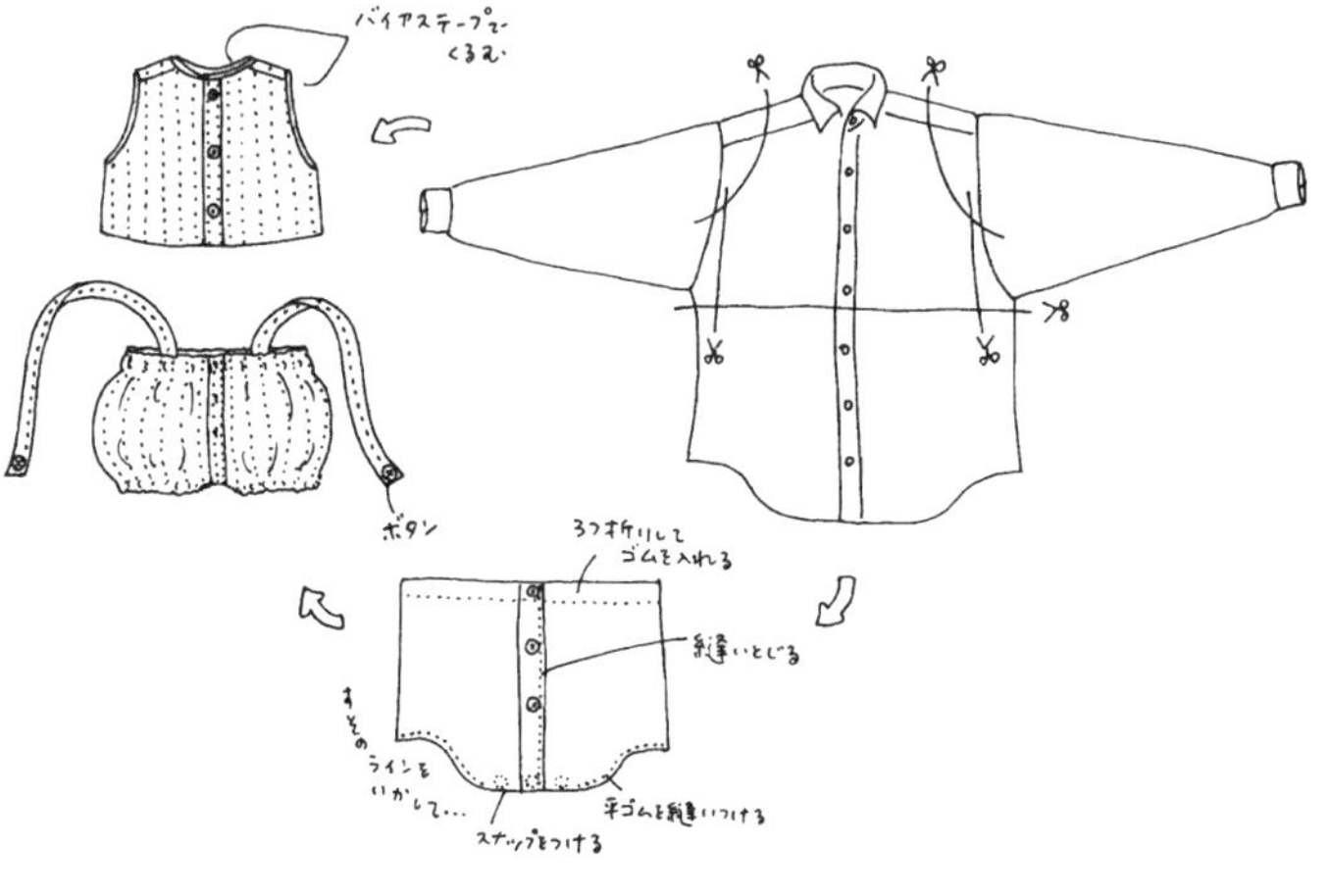

首回りと袖口を縫い縮めて
●お絵かき用スモック

子供が幼稚園のころ、ブルーのワイシャツは、園でのお絵かきのときに使うスモックに、作り直していました。衿はスタンドごと、袖は子供の袖丈に合わせて切り取り、三つ折りにしてゴム通しを作ります。裾は長すぎるなら、丈をつめます。お父さんのお古だから、思いっきり汚しても大丈夫。何枚も作りました。（福岡県北九州市・筧和子さんより）

袖なしでも、袖をつけても
●ビッグシャツに変身

昔流行していた細身のワイシャツ。生地が傷んでいなければ、ゆったりサイズのシャツに作り直せます。

まずは、ワイシャツの身ごろを好みの位置でカット。作りたいデザインの身ごろ、袖のパターンをおこし、別布を裁断します。男物を女物にリフォームするときは、袖はそのまま生かしてもよいでしょう。合わせる布の素材や色合いを楽しみながら、縫い合わせて、お気に入りのゆったりシャツに。

ふわっと、軽やかに
●後ろ身ごろでギャザースカート

色ものや縞柄のワイシャツの後ろ身ごろを2枚縫い合わせて、ゴムひもを通したら、女の子用のかわいいギャザースカートができました。白いワイシャツを何枚かつなげば、お姫さま遊びのスカートにも。

また、後ろ身ごろを3枚、あるいは4枚使って、裾のカーブを生かしたふわっとしたデザインの大人用に。ジーパンに重ね着してもすてきです。

裾のカーブを生かす場合、端を折り返して、ミシンで押さえておくと、裾線がヨレヨレしません。また、白いワイシャツはひと手間かけて好みの色に染めると、ぐっと応用範囲が広がります。

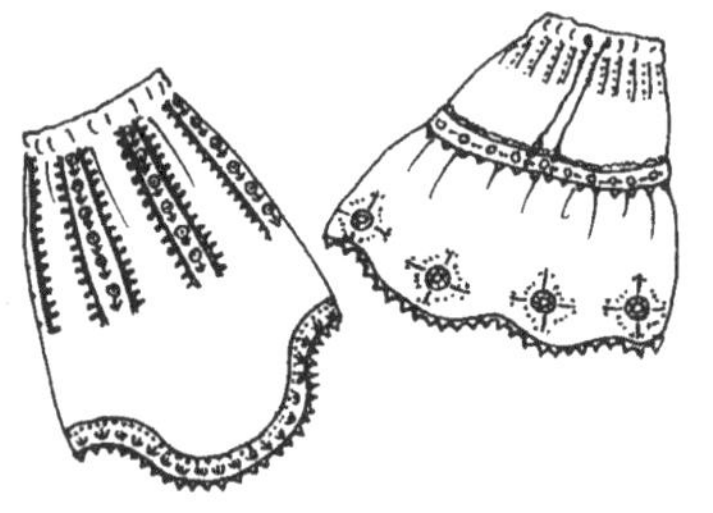

こんなこともできるんです
●衿を取るだけ

ワイシャツは衿つけが傷みやすいので、衿をていねいに取りはずし、縫い直してスタンドだけにして着ています。

ひと手間かかりますが、衿を取りはずした後、傷んだ衿ぐりが裏になるように、表裏をつけ替えることもできます。（東京都世田谷区・浦野久子さんより）

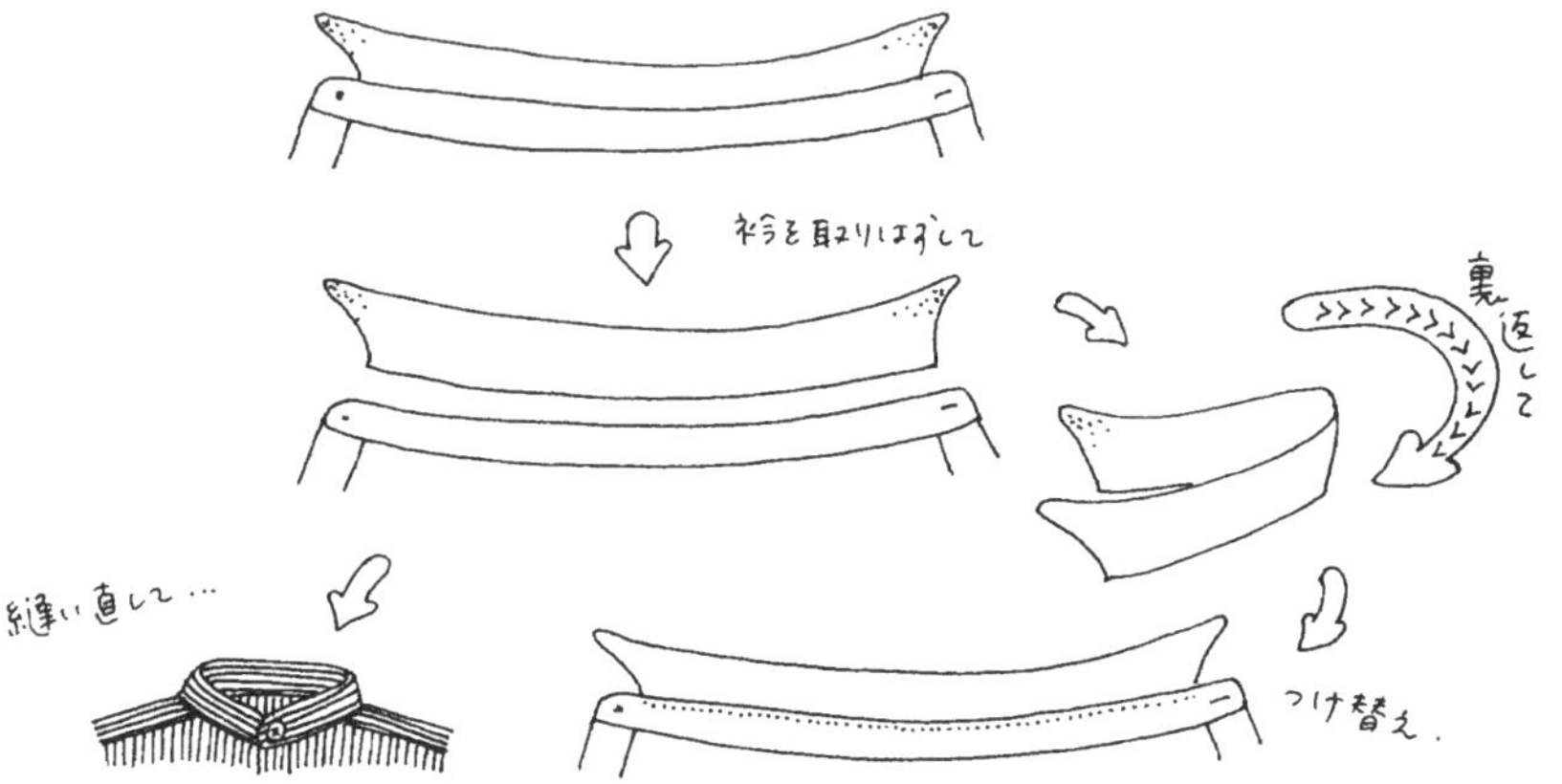

裾のカーブがおしゃれ
●カフェカーテン

後ろ身ごろの裾のカーブをそのまま生かして、小窓用のカフェカーテンに。布用のクレヨンで絵を描いたり、ミシンでステッチしたり、ビーズを縫い付けたりしても楽しい。ギャザーを寄せたいときは、身ごろを何枚か縫い合せて作りましょう。

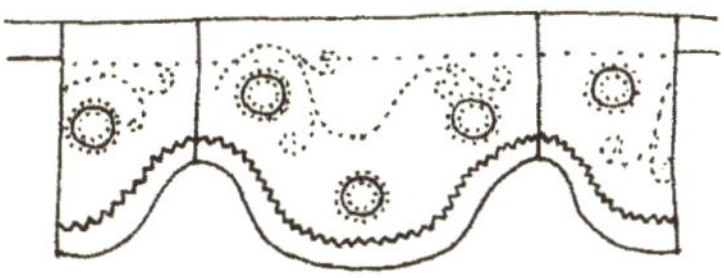

ワイシャツ・リフォームの定番
●エプロンに

ついついたまってしまったワイシャツで、エプロンを作りましょう。左右の袖口の部分で胸当てを作ります。前かけ部分は後身ごろにギャザーをよせて縫い、カフスが上になるようにして胸当てをつければ、ボタンホールをそのまま生かしたエプロンのできあがりです。

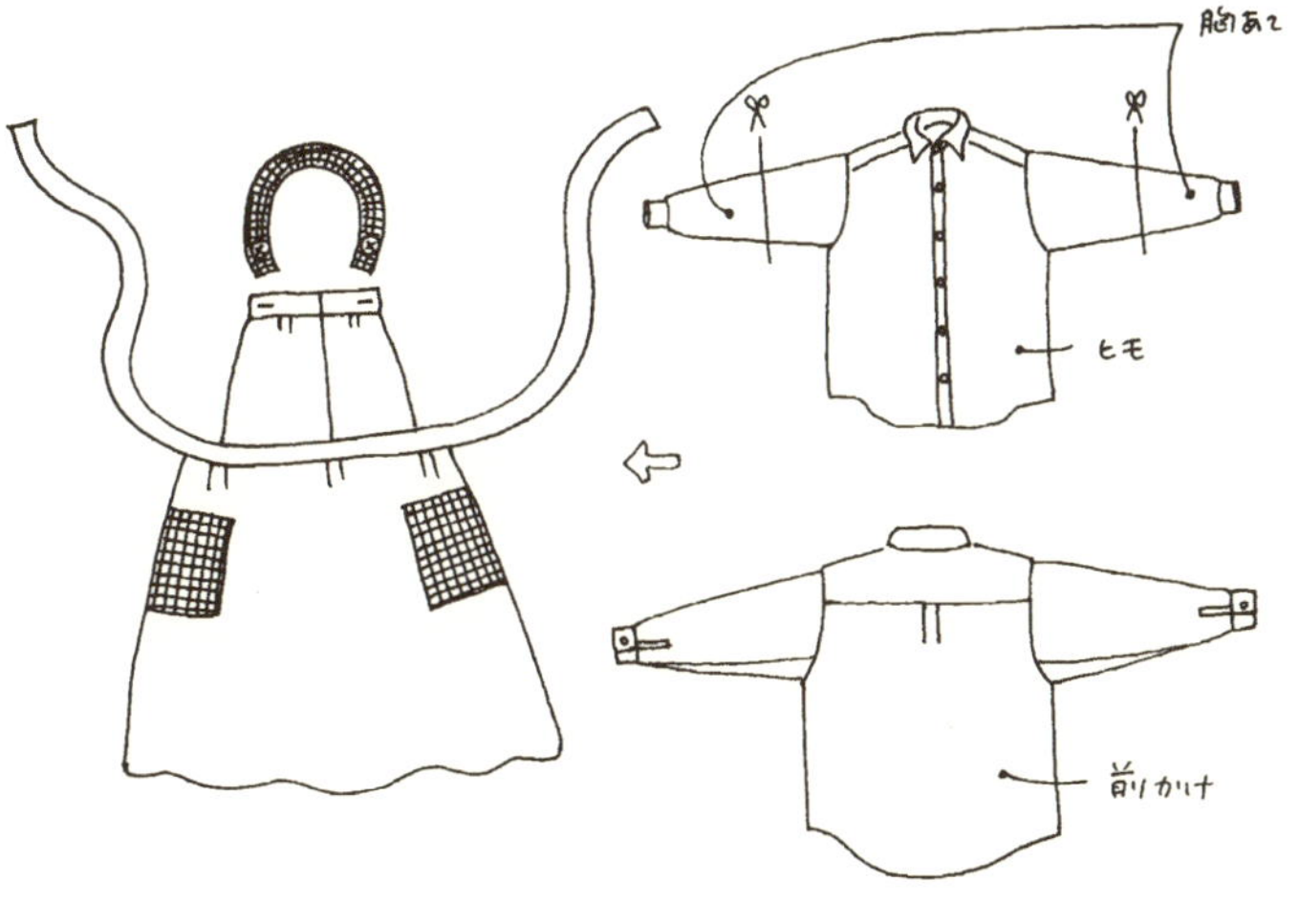

四角く切れば、応用自在

●後身ごろでお弁当包み

後身ごろを正方形に切りとり、縁は三つ折りにして縫うか、バイアステープでくるんで、お弁当包みに。木綿のワイシャツなら、ハンカチとしても使えます。

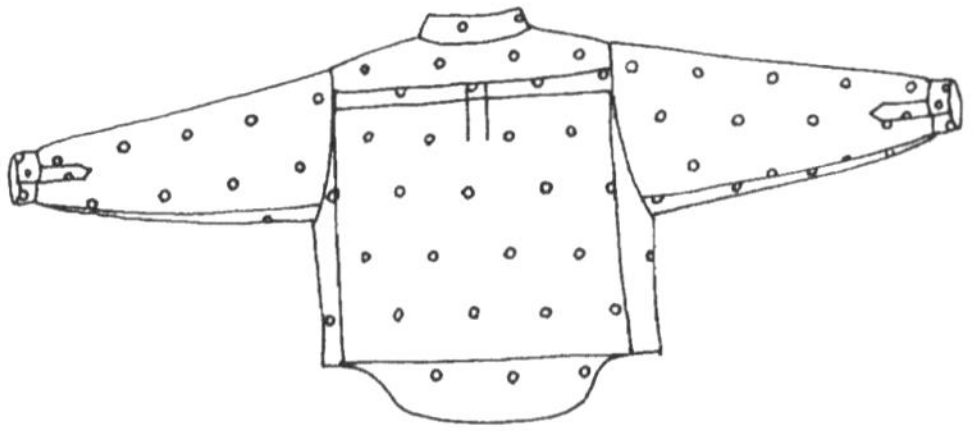

せっかくだから、無駄なく使いたい

●枕カバーと腕カバー

ワイシャツの身ごろで枕カバー、袖からは腕カバーを作りましょう。

身ごろは枕の大きさに合わせて切りそろえておきます。上下を縫いとじ、前身ごろのボタンをそのまま使って枕の出し入れ口にします。袖と残ったヨーク部分でフリルを作って、両端にはさんでも。

袖の部分は、適当な寸法で切り、カフスを取ります。両端にゴムを入れれば、水仕事や汚れ仕事にもってこいの腕カバーに。

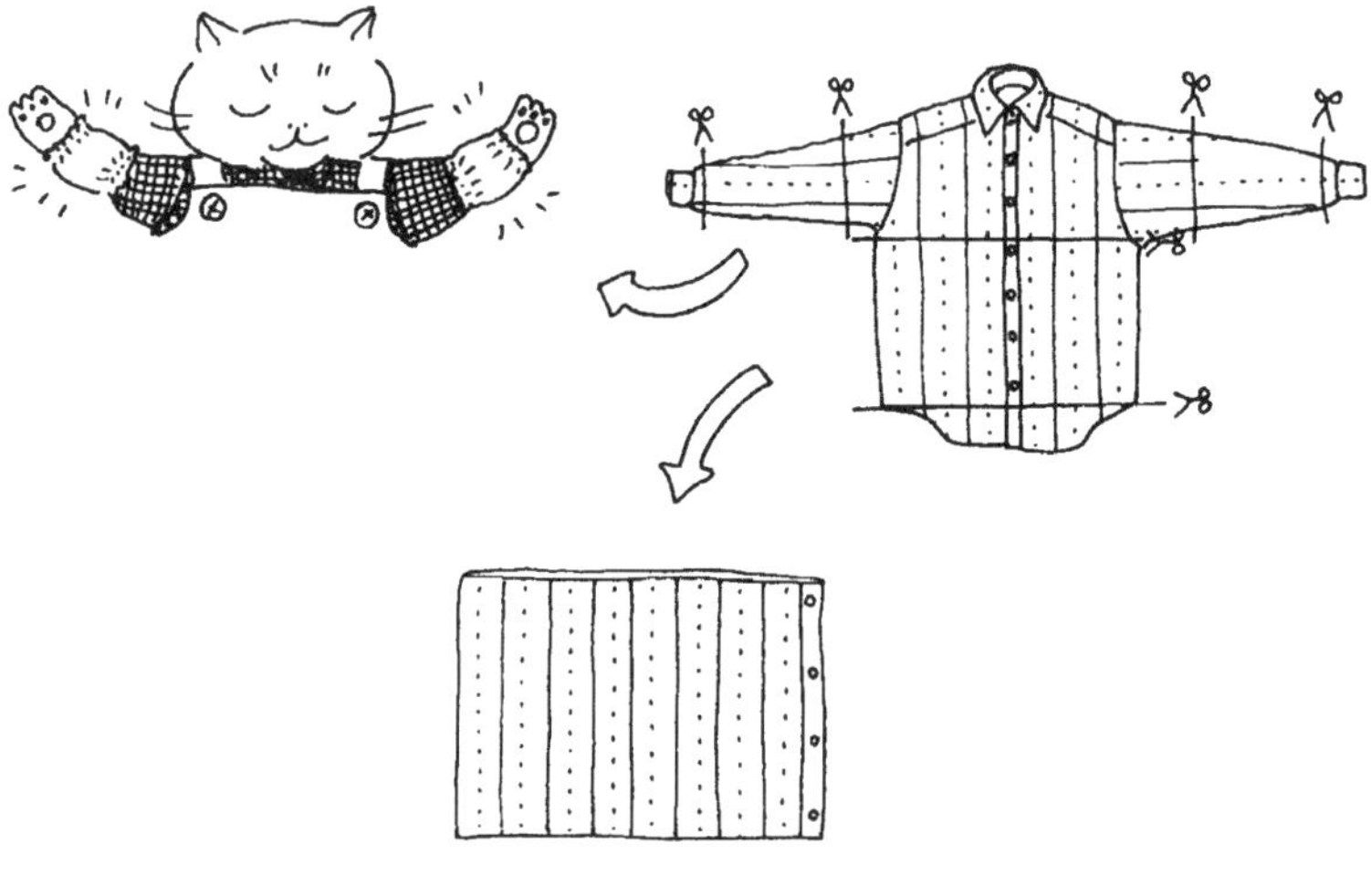

リフォームではなく、リユース

●園芸用うわっぱり

長袖のワイシャツは庭や畑仕事のときの、うわっぱりとして使っています。腕や首回りを虫さされから保護してくれるので、とても助かります。（京都市・小玉光子さんより）

がんばれ、がんばれ

●スポーツ大会のゼッケン

学校の制服用や化繊の白いワイシャツは、運動会やマラソンなどに出場するときのゼッケンにぴったりです。ゼッケンは1回だけしか使わない場合が多いので、古布でも充分です。（札幌市・八田久仁子さんより）

切り開いて、ほこりよけに

●ハンガーカバー

袖下と脇を切り開いて、ざっと端を始末して、ハンガーカバーを作り、洋服のほこりよけにしています。タンスの中で使うので、見た目を気にする必要はありません。（川崎市・鈴木順子さんより）

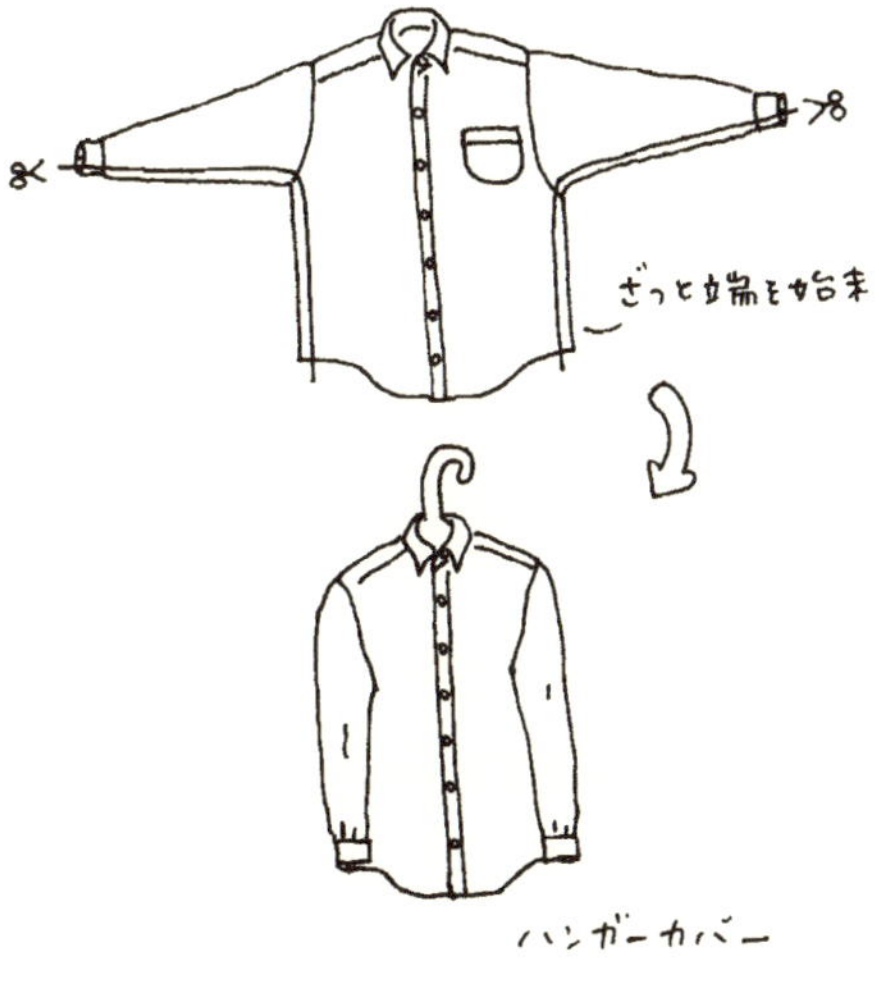

毛糸のセーター

　毛糸で編んだセーターなどは、ほどけば一本の糸になるので、いくらでも編み直しできます。洗濯に失敗して、ほどけないほど縮んでしまっても、あきらめてはいけません。縮むとフェルトのような風合いになり、暖かさは倍増。これを生かさない手はありません。

お母さんのお下がりにひと工夫

●ニットの上着を女の子のコートに

　大人用のピンクのジャージ上着から、女の子のかわいいコートができました。

　袖をはずし、身ごろと袖を子供のサイズに合わせて、一回り小さくします。身ごろに袖を縫いつけ、袖下から脇まで続けて縫うだけ。もとの身ごろが細身だったら、肩にタックをとるだけでも大丈夫です。衿ぐりから裾まで、赤い毛糸でブランケットステッチを刺したら、子供のお気に入りの1着に。

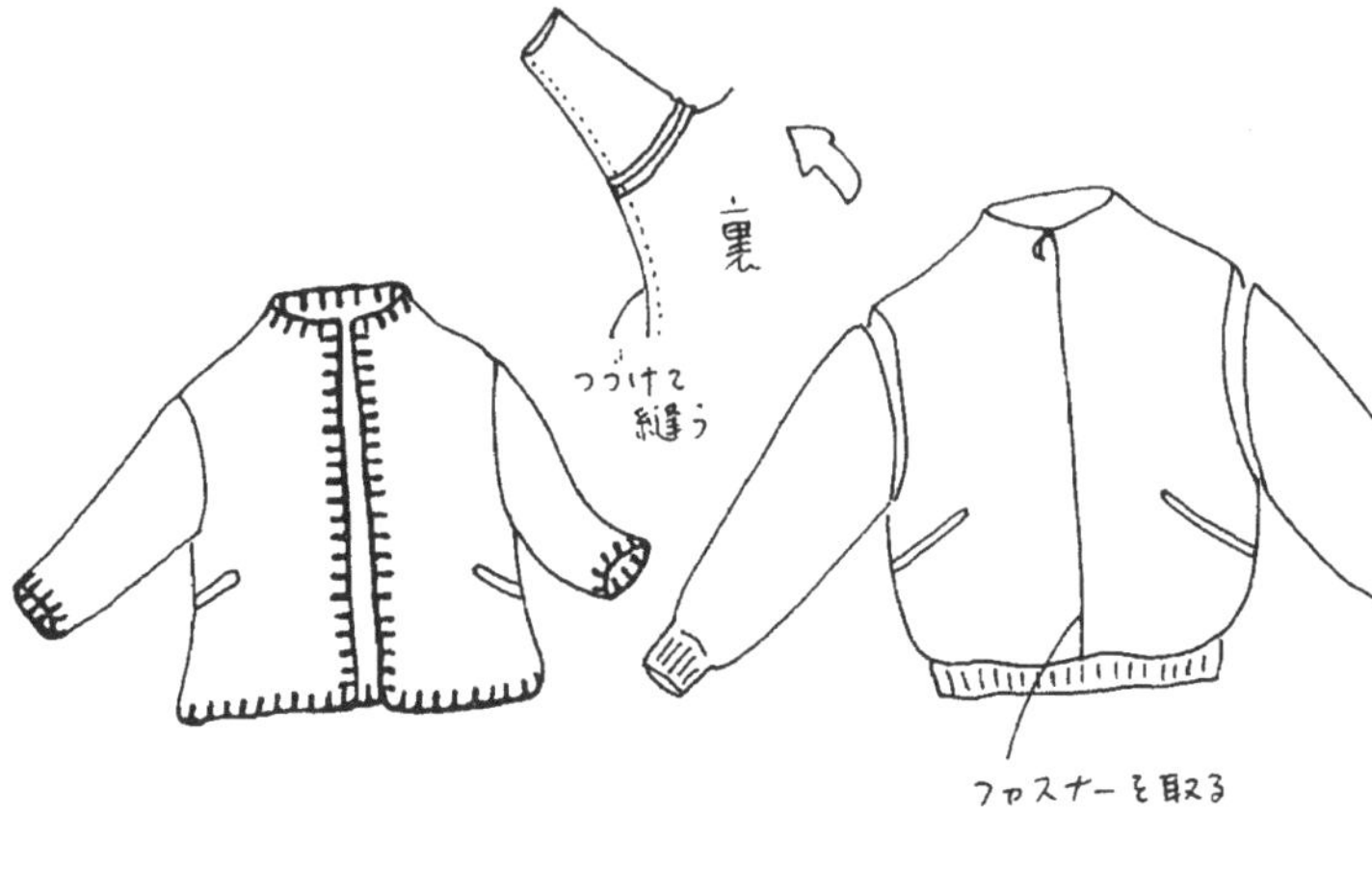

ハサミを入れる前に

●ニット製品を切るときは

ニットにハサミを入れると、編み目からほどけてしまうので、編み直す以外のリフォーム法を敬遠しがち。でも、接着芯や接着テープを張ってから切れば、その心配はいりません。切り口が丸まったり、のびたりしないので、手を加えやすくなります。

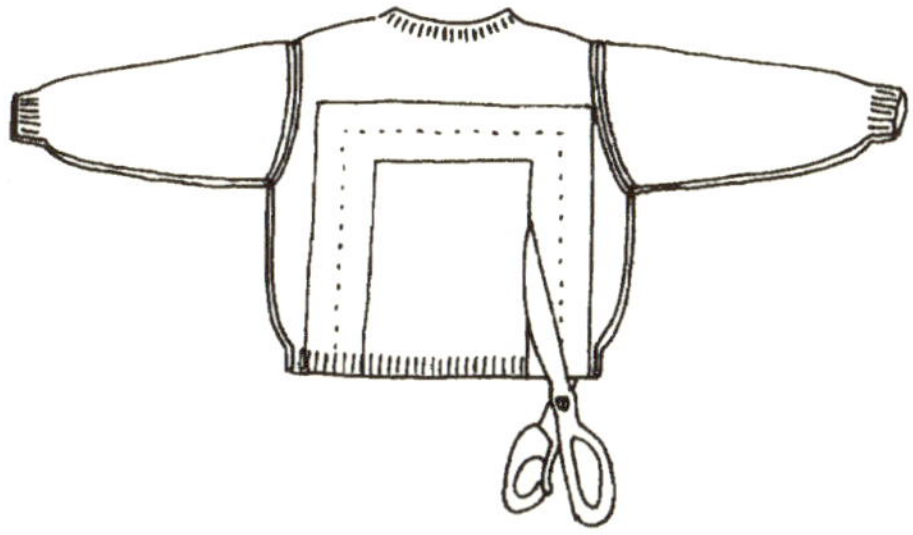

2通りの裏ワザあり

●袖口がのびてしまったら

ウールセーターの袖口がのびてしまったときは、こんな方法で直しましょう。

袖口を糸でもとのように縫い縮め、硬く絞ったタオルを当てて、アイロンをかけます。熱が冷めてから糸を取れば、袖口は元通り。どうぞお試しを。

手持ちのゴムひもを使った、もうひとつの方法。ゴムひもを毛糸針にさし、袖口から3〜4センチのところに編みこみ、折り返します。

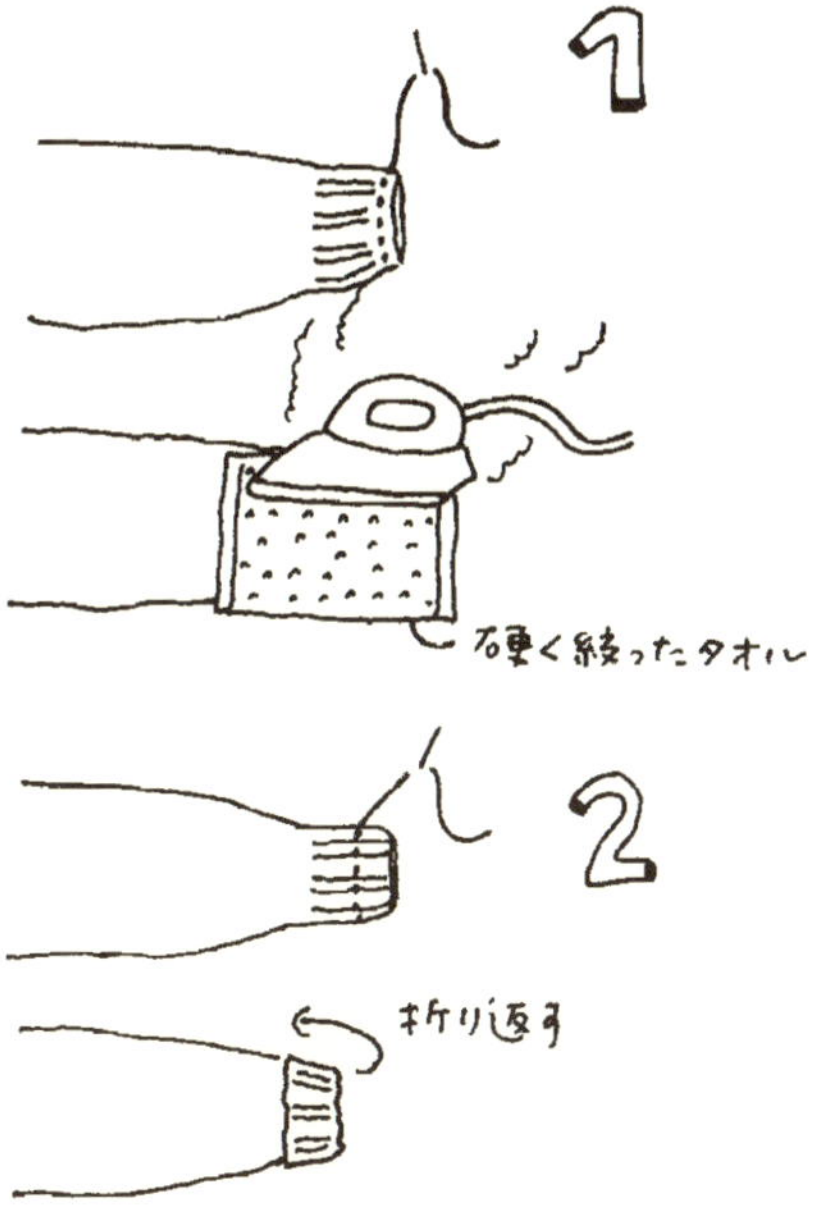

●岡山市・横見思津代さんより
何回か編み直して、すっかり細くなってしまった毛糸は、はぎれを裂いたものと合わせて織り、敷き物にしていました。

四角くなくても気にしない

●座布団カバー

小さくなったり袖が傷んだセーターは、袖を取り、まつって縫いとじます。衿のあるものは衿も縫い込んで四角くし、裾の部分にスナップやボタンをつけて、座布団カバーやクッションカバーに。

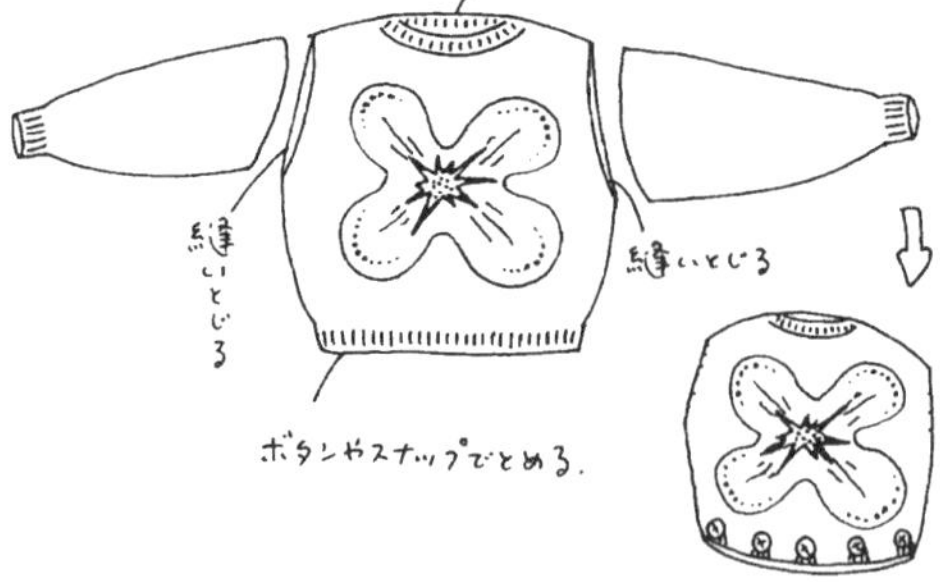

フェルト化してるから、切りやすい

●わざと縮ませて

古いセーターがたまると、洗濯機で洗ってわざと縮ませて、身ごろ、袖を開いて四角く切り、パッチワークのように縫い合わせて毛布をつくりました。毛糸が足りない場合は、ウールなどを縫い足しても。

袖からはレッグウォーマーも作れます。袖つけ部分にゴムを縫いつければ、ずり落ちません。

(岡山県玉野市・横原瞳さんより)

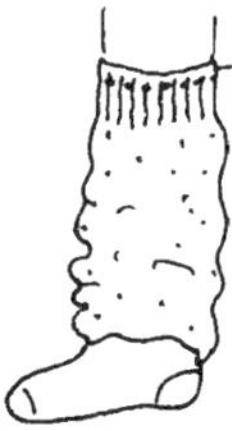

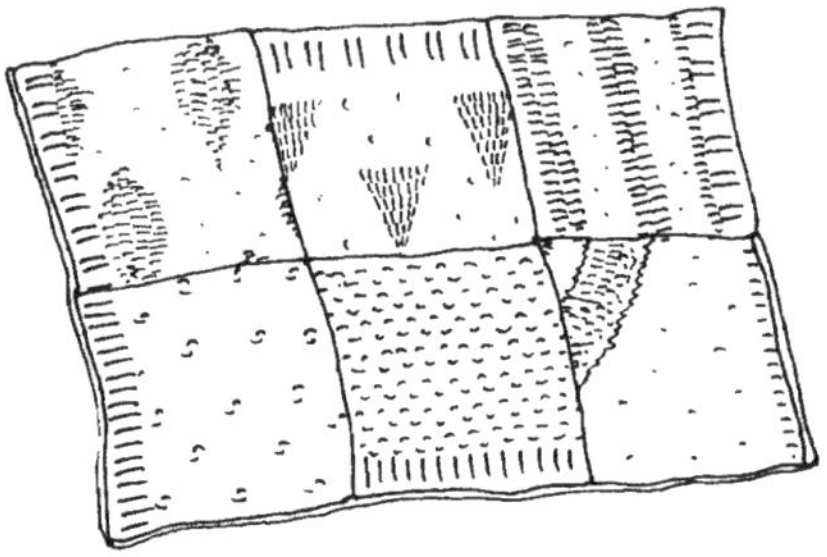

古セーターを裏に使います
●子供用あったかベスト

厚手のシャツなどの身ごろを、ベストのサイズにじょきじょきと裁ち、古セーターもベストのサイズに裁って、ミシンで裏に縫いつけます。セーターについていたポケットもそのまま利用して、子供のあったかベストができました。（新潟県新発田市・高坂玲子さんより）

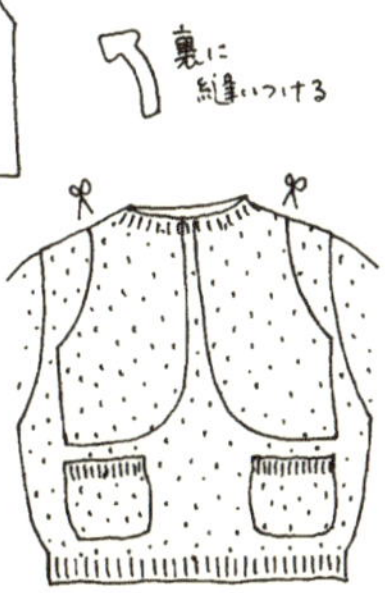

1足、たったの10分間で完成
●袖から室内ばき

縮んでしまったセーターの袖は、あたたかく丈夫なので、室内ばきにうってつけです。

袖を取りはずし、袖口のゴム編みが足首になるように、袖上を毛糸でざっくりと縫い縮めてつま先にします。甲の部分がだぶつくようなら、足の形に合わせてタックをとりながら、縫い止めます。つま先部分がほつれるようなら、毛糸で軽くまつりぐけを。

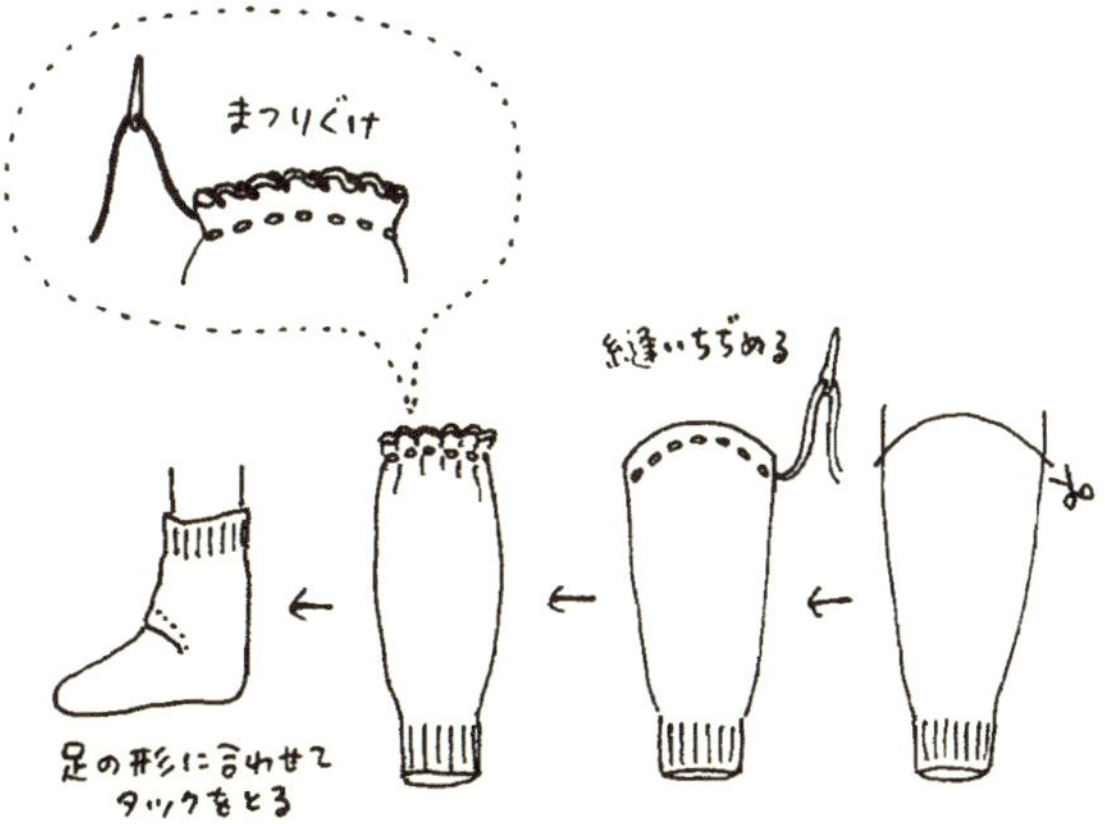

●兵庫県伊丹市・山崎昌子さんより
私は裁縫が大のニガ手なので、切ったり縫ったりはしません。衣類はとことん着古して、ボロとして出すか、まだまだ着られる段階でバザーに出すようにしています。

ふふふ、あったかい

●タートルネック活用法

タートルネックのセーターの衿部分だけを切り取り、端をかがります。これをVネックのセーターの下に着れば、首回りがあったかでマフラーいらず。

タートルネックの衿は、端を縫い合わせてヘアバンドにも。また、ゆったりサイズの大人用なら、子供のマフラーや腹巻にも再生できます。

どこで買ったの？と聞かれました

●バッグや、ポシェットに

ほどけないほど縮んでしまったり、フェルト化したお気に入りのセーターは、身ごろをバッグに、袖はポシェットを作ると、いつまでも愛用できます。のびてしまうのが気になるときは、余り布で裏をつけて。

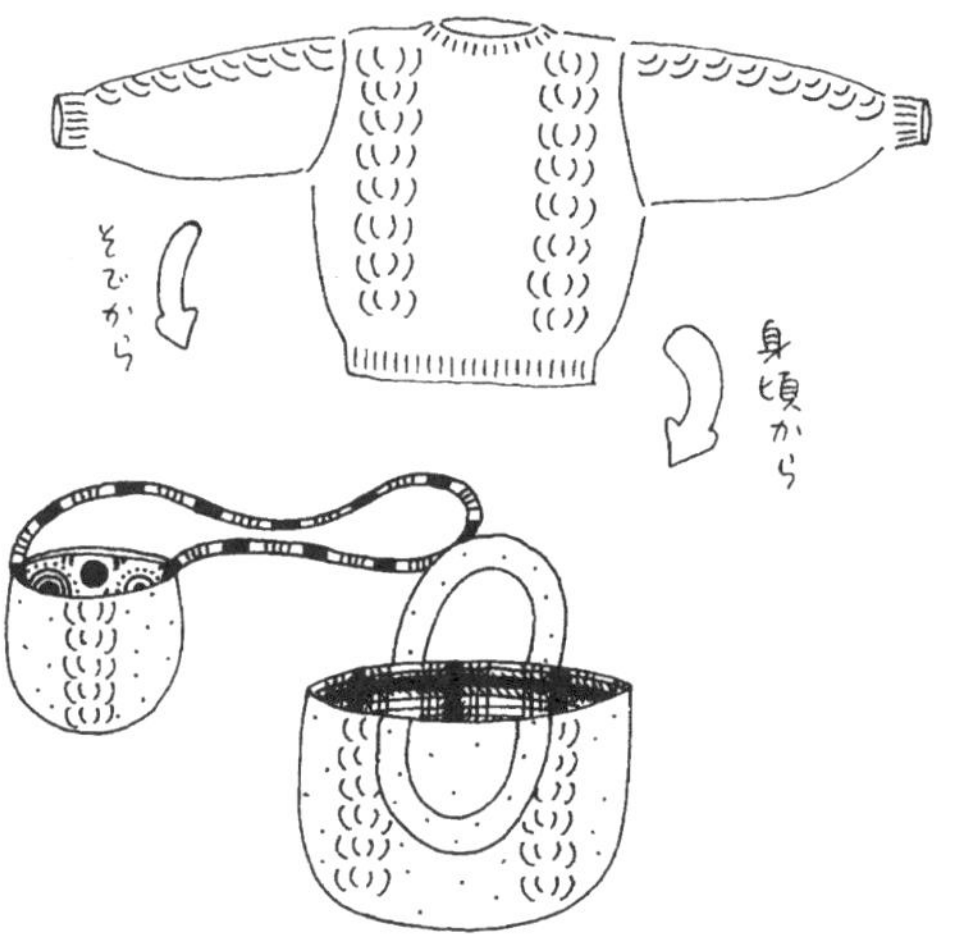

2着作って、きょうだい仲良く

●ジャンパースカートとズボン

好みに合わなかったり、縮んでしまったセーターは、子供服に作り変えるのも一つの手です。

身ごろを子供の寸法に合わせて切り、ジャンパースカートに仕立てます。子供が少し大きくなったら、ベストとして着られるので、かなり長い間活躍してくれます。

使わなかった袖は、縫い合わせ、袖口を足首にしたあたたかいズボンを作って、1枚のセーターをフル活用。

●東京都大田区・渡辺幸子さんより
自慢じゃないけど、私は面倒なことは苦手。そのうえ不器用。古着や古布を何か活用できないかと悩むことはしますが、リサイクルショップやバザーに出す以外には、ほとんど活用したことがありません。そんな私の究極の解決法は、服をできるだけ買わないことです。

靴下・パンスト

つま先やカカトがすり切れたり、穴があいた靴下は、傷みの少ないところを生かして、もうひと働きしてもらいましょう。足首の部分は意外と丈夫です。また、消耗品の代表選手・パンストは化繊の特性である静電気やその伸縮性を生かして、使い道をまだまだ開拓できそう。

何足もたまったので

●靴下でパッチワーク

足首がのびてしまった、色も模様もさまざまな靴下で、パッチワークにトライしてみました。

足首部分をカットして、輪を切り開き1枚のピースに、薄手のものは二重のまま1ピースに。これを大きさや配色を楽しみながら、縫いつなぎます。できあがったパッチワークは、マットや座布団カバーにどうぞ。

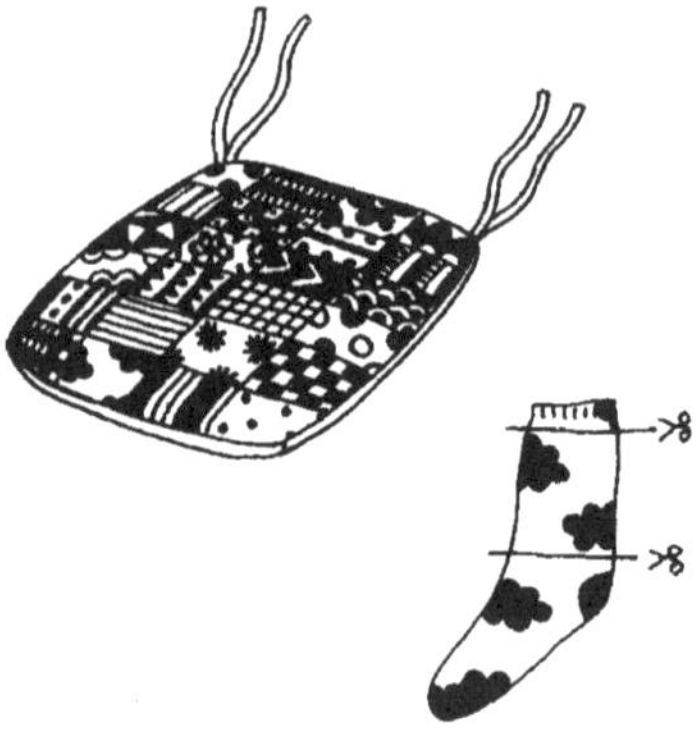

ゴムを通す代わりに

●靴下の足首を袖口に

丈夫で伸縮性のある靴下の足首部分は、子供服の袖口やズボンの足首に再利用。スモックの袖口に縫いつけておけば、泥んこ遊びもへいちゃらです。

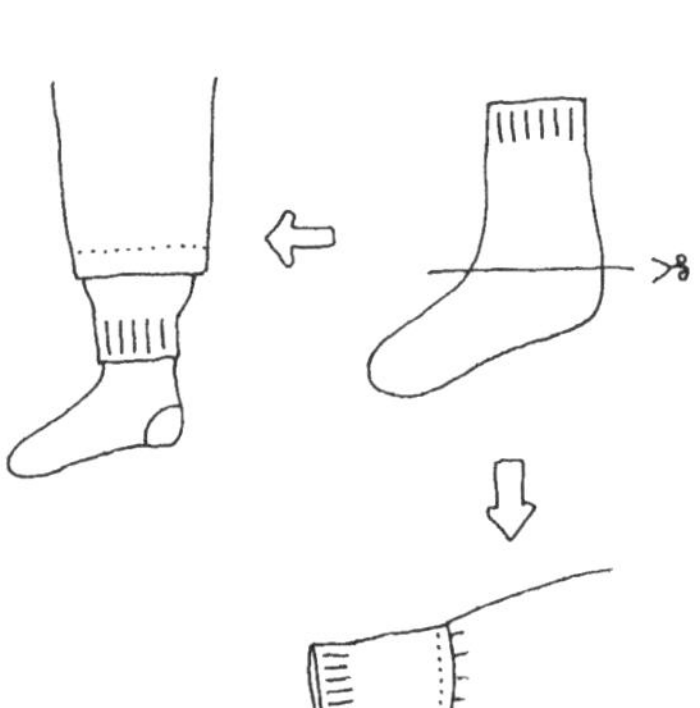

たんと召し上がれ
●離乳食用腕カバー

大人用の靴下を足首部分で切り、裁ち目を3つ折りにして、ゴムを入れます。これを離乳食がはじまった赤ちゃんの腕カバーにすれば、服の袖口を汚さずに食事できます。

ハイハイをするようになった赤ちゃんの膝小僧あたりに、かぶせてあげてもいい具合です。

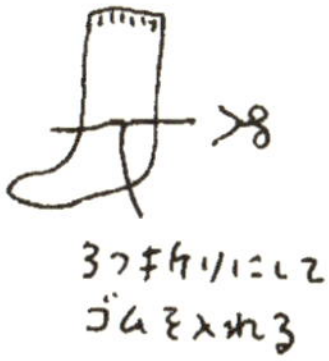

どんなに傷んでいても役立ちます
●掃除に古靴下を

ブラインドを掃除するときは、水でぬらしてギュッと絞った靴下を手にはめて、1枚1枚拭くと、すみずみまで手が届き、汚れやホコリがよく落ちます。

じゅうたんには、靴下を手にはめて、毛足の逆方向に向かってこすれば、髪の毛などもとれてきれいになります。

破けても、お気に入りは捨てられない
●靴下のポシェット

ハイソックスの足首を生かして切り、輪を切り開きます。これを2枚縫い合わせ、ゴム編みの部分を二重にして、ひもを通したり、手さげをつければ完成。柄もので作るとかわいくできて、靴下のリサイクルとは、誰も気づかないかも。厚手の布で底をつけてもいいでしょう。

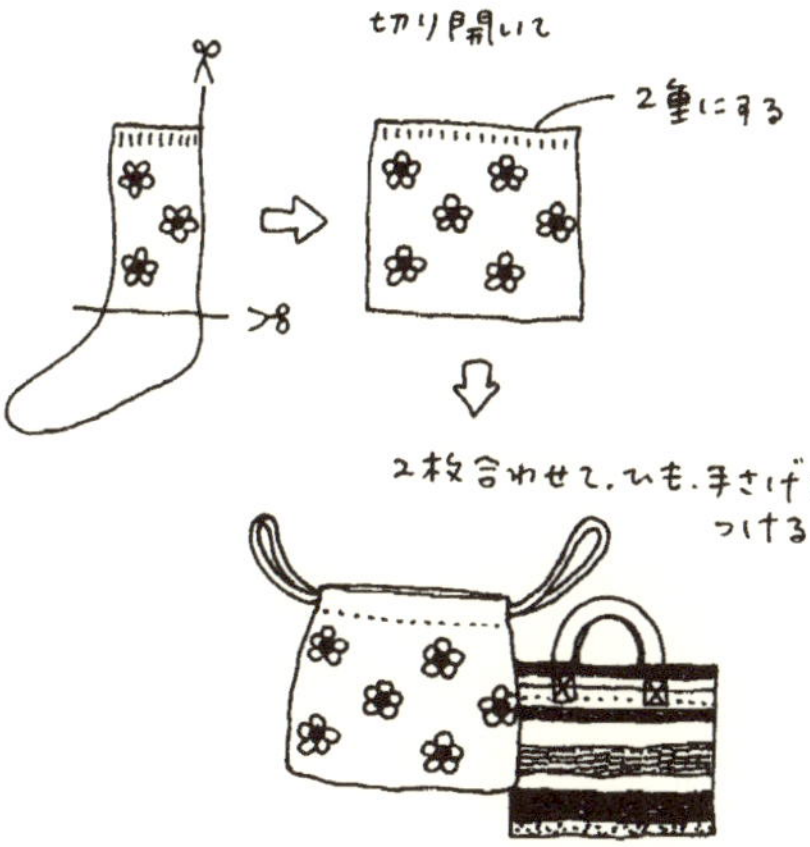

逆転の発想、カカトがつま先に

●靴下再生法

ハイソックスなど長めの靴下なら、つま先が傷んでしまっても、カカトをつま先に作り直して、あら、不思議。もう一度はくことができます。

　靴下を中表にし、カカトのふくらみを上に折り、すぐ下にジグザグミシンをかけます。ミシン目にそって、足先部分を切り離せば、カカトの丸みがつま先になって、ストッキングのような前後なしの靴下に。縫い目が足指の付け根にくるようにはけば、ゴロゴロしません。実際にやってみれば何ということはありませんが、まるで魔法のような再生法です。

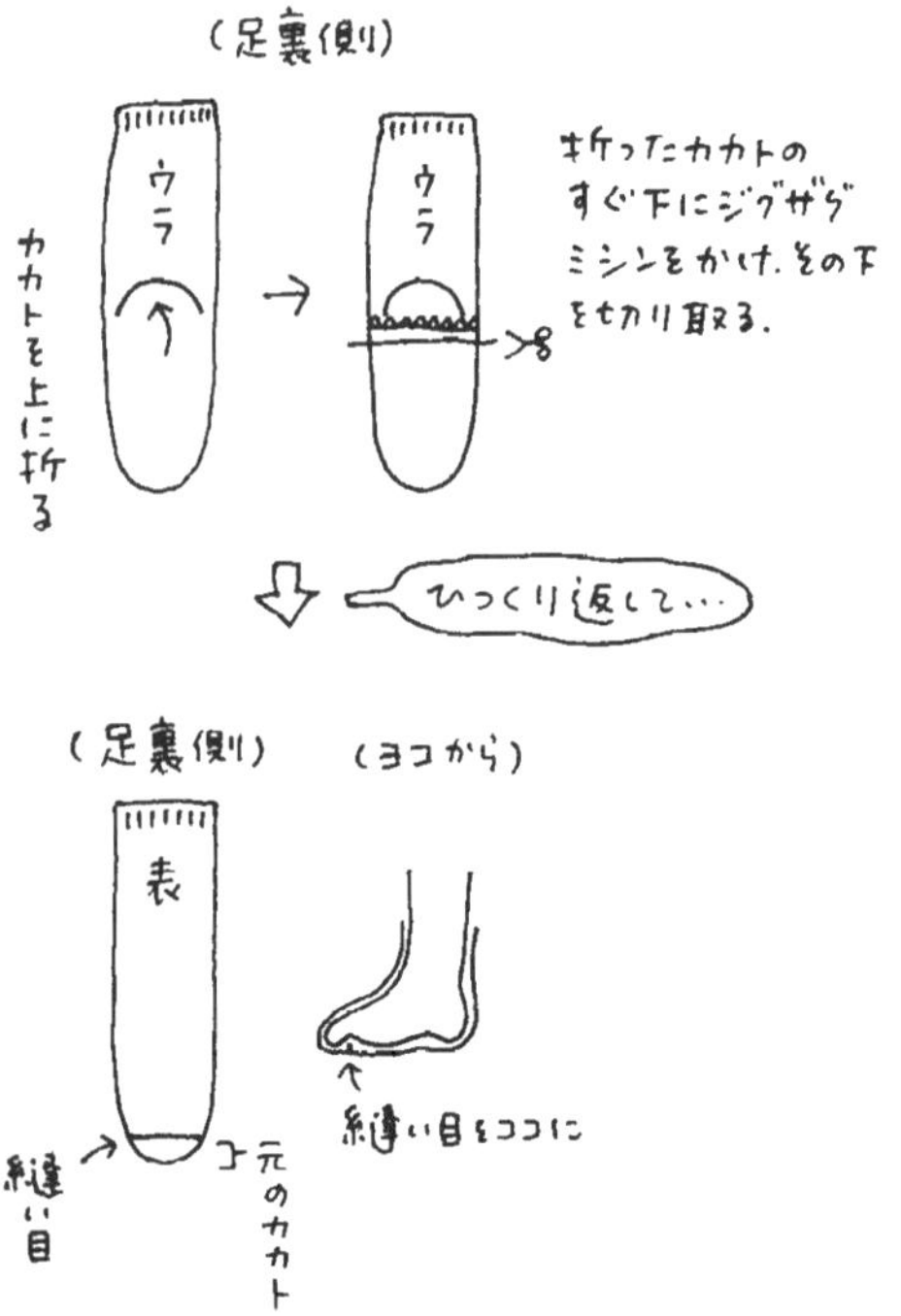

(足裏側)
ウラ
カカトを上に折る
ウラ
折ったカカトのすぐ下にジグザグミシンをかけ.その下を切り取る.
ひっくり返して…
(足裏側)

元のカカト
(ヨコから)
縫い目をココに

一昔前まで、当たり前でした

●靴下の穴にワンポイント

靴下のカカトの穴あきを、つぎを当てて直したいとき、色とりどりの毛糸や糸でリンゴやパイナップルの模様を刺して、穴をふさいでしまいましょう。

　穴の両側に糸を渡して、ひと通り穴が見えなくなったら、次に、渡した糸にたいして、ちょうど織り物のように、直角に糸をすくっていきます。こうして、まずは穴をふさぎ、別の色の糸で刺繍をすれば、もとのよりもかわいいワンポイント靴下に。

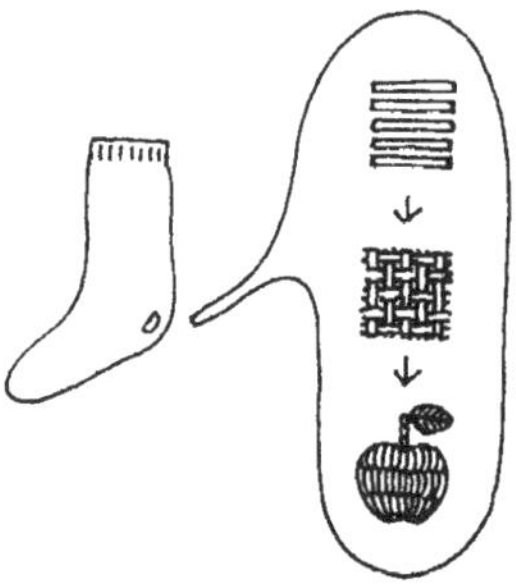

●パンストそのままでも
パンストにそのまま靴クリームをつけて、靴磨きに。編んだり切ったり不要の、不精者向けリユース法です。

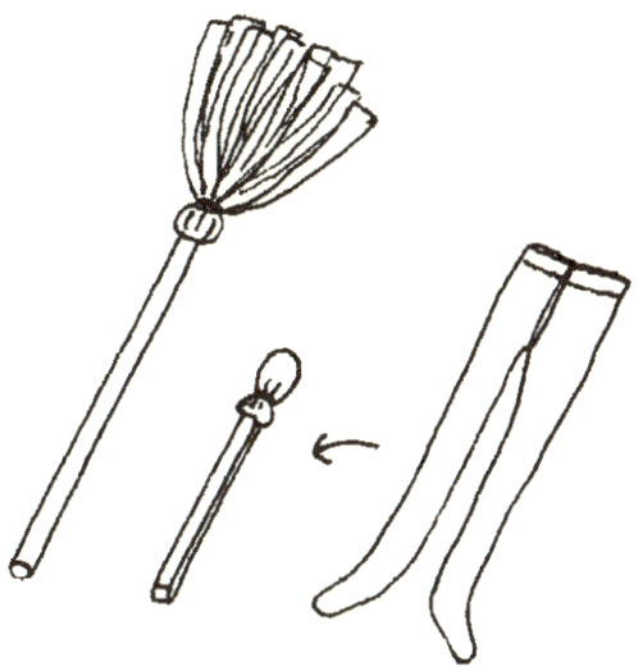

静電気の威力を逆手にとる

●パンストのハタキ

窓のさん、敷居など、掃除しにくいところのホコリ取りとして、パンストがおすすめ。割り箸の先に、パンストをくくりつけて、こすってみてください。

また、ワープロやパソコンのホコリ取りには、パンストで作ったハタキが最適です。（ハタキの作り方は、〈風呂敷〉66ページを参照）

梅雨どき、靴はかびやすい

●乾燥剤入りシューズキーパー

片方だけ残った靴下に、海苔などの袋に入っていた乾燥剤を再利用して、靴の形のシューズキーパーに。乾燥剤は伝線したストッキングに入れると、バラバラになりません。

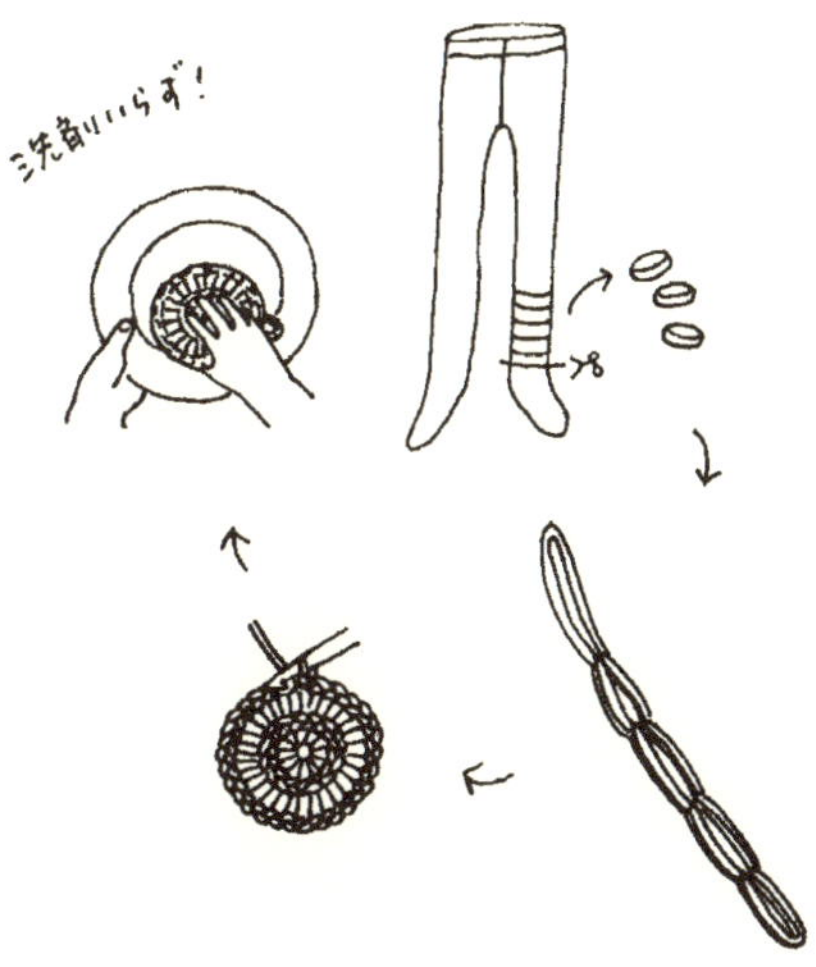

アクリルたわしと同じ用法

●パンストを輪切りにして編む

パンストを2センチほどの幅に、輪切りにします。これを輪ゴムをつなぐ要領でつないでいって、ひも状に。もちろん、ひもとして使えますが、かぎ針で編んで、台所用のスポンジ替わりをつくってみたら、油汚れもすっきり落ちて、なかなかの使い心地です。

保育園で習ったアイデアです

●雪遊びの長靴と手袋

北海道に暮らしていると、子供が思いっきり雪遊びするために、手袋と長靴は必需品。古靴下を生かしてこんな工夫を。靴下のカカトを切り落とし、足首部分を手袋に縫いつければ、中に雪が入らなくて安心。また、長靴に雪が入らないよう、毛糸の靴下の足首部分をかぶせて、脚はんのようにしてはかせていました。

（札幌市・八田久仁子さんより）

●ストッキングのゴムも
伝線してしまったパンストの、ウエストのゴムをとっておくと、パジャマや子供のズボンの替えゴムとして再利用できます。

タオル

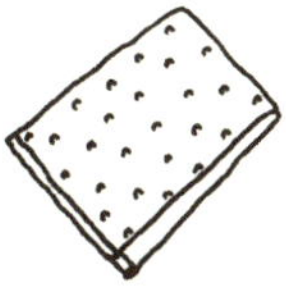

もらいもののタオルは、ついついたまってしまって、使い道に手を焼いてしまうもの。でも、タオル独特の吸湿性のよさを大いに生かしたい。古くなったバスタオルやタオルケットも工夫次第で、まだまだ活躍してもらえそうです。

厚手のタオルは乾きにくい、そこで

●お風呂マット

古くなったバスタオルは、3つに折って、2辺だけにミシンをかけて、お風呂用のマットに。こうすると洗濯をしたとき、竿に通せるので乾きが早いのです。（新潟県新発田市・高坂玲子さんより）

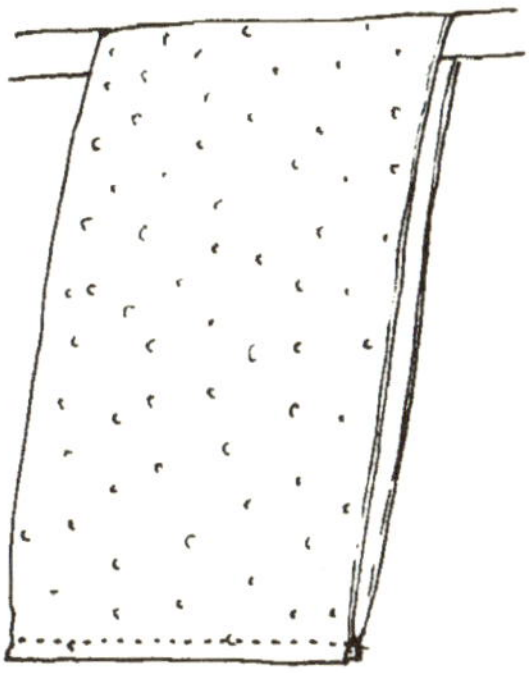

キッチンが明るくなりました

●バスタオルの前掛け

もらいもののバスタオルの中には、派手な色柄ものがあって、つい、使わないままに。そこで、水仕事用の前掛けにしてみたら、とても具合がよく、台所の必需品になりました。

作り方は簡単。バスタオルを真ん中から横半分に切り、タックを数カ所入れながら、余り布や古着からとった、結びひもを縫いつけるだけ。1枚から2枚の前掛けが作れます。

たまには手縫いで

●台所用マット

古くなったバスタオルやタオルケットは長方形にたたんで縫い合わせ、大型のマットに。台所の流しの前に置いておくと、水仕事のときも冷えないし、弾力があるので疲れにくい。洗面所やトイレにもどうぞ。

タオルの上に、古着を長方形に切って、重ね縫いしても、おしゃれなマットになります。

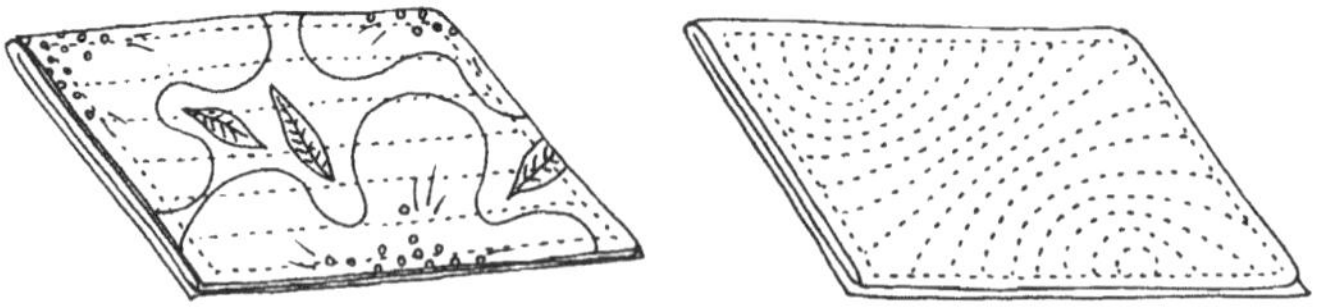

夏の寝巻き代わりにも

●バスローブ

浴用タオル5枚で作るバスローブです。

タオルを2枚ずつ縫い合わせ、前と後ろの身ごろにします。つまり、タオルの長さが着丈になることに。次に、残りの1枚を半分に切り、裁ち目を3つ折りにしてかがっておきます。タオルのみみ側が袖口になるよう、袖を縫いつけ、最後に袖下と脇を縫います。このとき、脇下を8センチくらいずつ縫い残しておくと、脱ぎ着がラク。

かぶって切られるよう、衿ぐりは前身ごろの合わせ目を広めに開けて、三角形に折り返します。タオルをそのまま使うので、裁ち目の始末が必要ないのが魅力です。

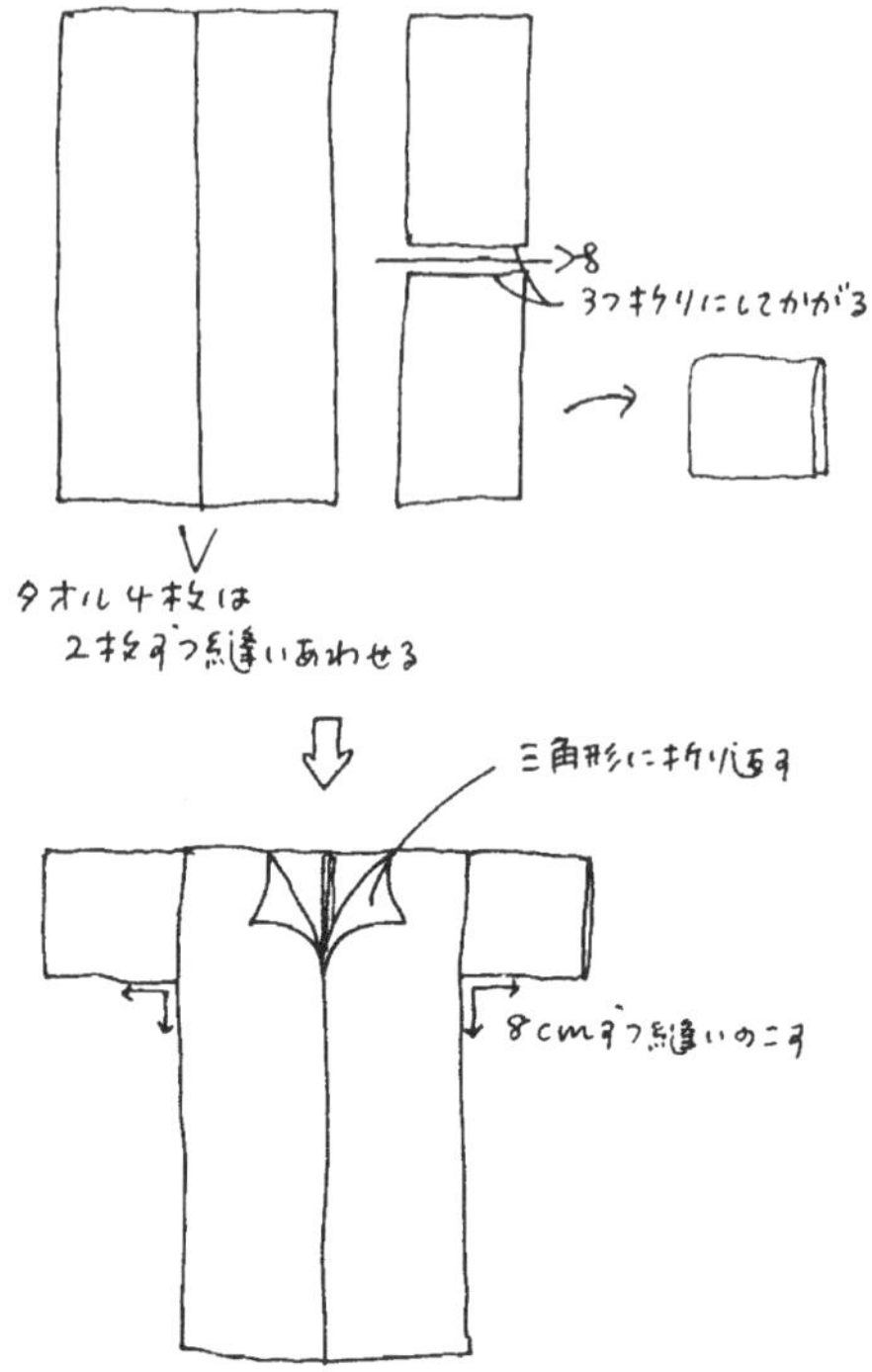

●中・高生にタオルの汗取り
タオルの中央に首が通るだけの穴をあけて、下着のかわりに。制服のワイシャツの下に着れば、汗ビッショリのときでも、首筋から手を入れて、タオルだけスポンと抜き取れます。（小社刊『あをいさんのひらめき自家菜園料理』より）

タオルの弾力性がお役立ち

●鍋つかみ・鍋敷きの中綿に

あまり布で鍋つかみや鍋敷きを作ったとき、中綿には、古タオルがぴったりです。弾力があり、丸洗いもできます。

古タオルはまた、ポットカバー、薄手の座布団などの中綿としても活躍してくれます。

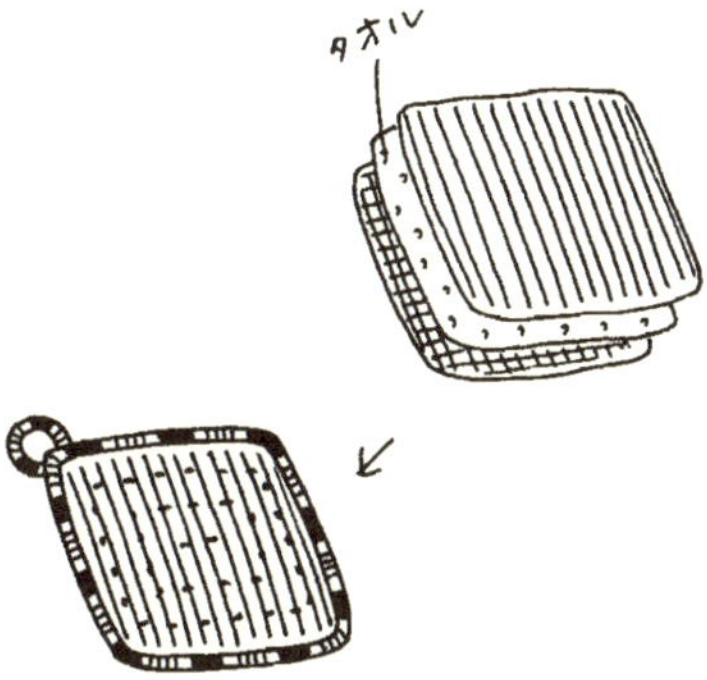

何枚あっても重宝します

●よだれかけ

お手ふきタオルで、子供の食事用に作っておきましょう。

タオルの一方の端を少し折って、衿ぐりが2重になるよう、半円形に切り取ります。ここに縁どり兼用の結びひもを、ぐるっと縫いつけるだけ。

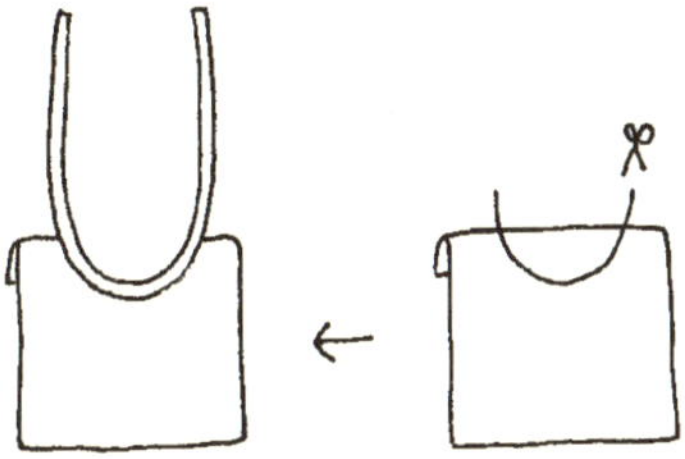

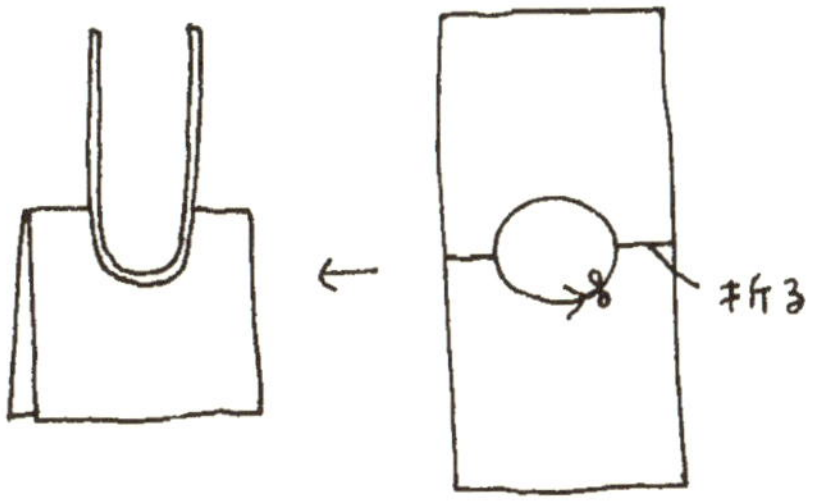

浴用タオルの場合は、真ん中で折って、首回りを切り抜き、縁どり兼用結びひもをつけます。

●布巾はガーゼのハンカチで
ガーゼのハンカチを2枚つなぎ合わせて、食器をふく布巾を作ります。水気をよく吸うし、乾きも早く、衛生的です。

汗取りに最適です

●子供用の甚平

浴用タオル2枚で、かわいい甚平ができました。衿ぐりはバイアステープで縁どりすると簡単です。

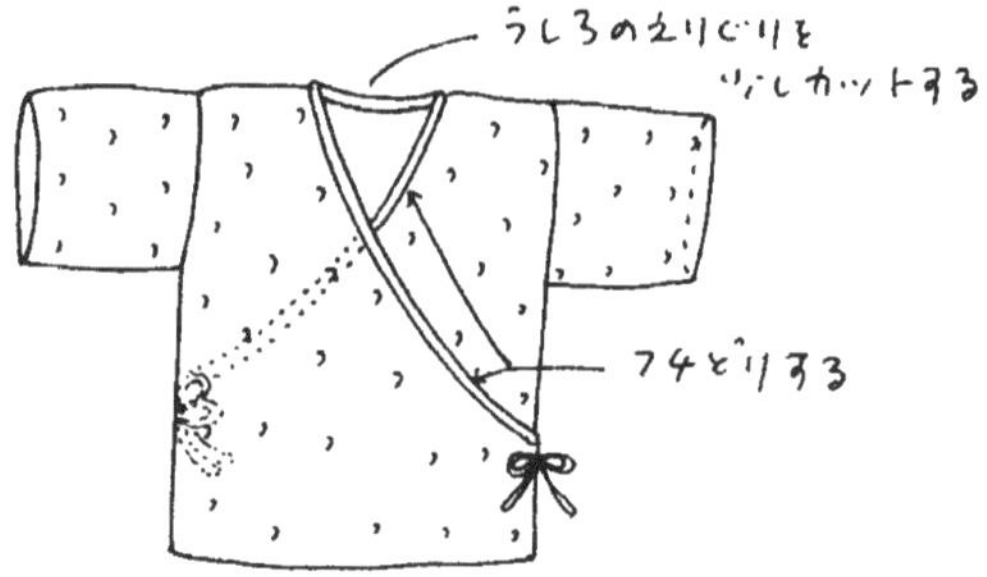

犬小屋に敷いてあげましょう

●ペット用の布団

古くなったバスタオルは3つに折って、手縫い、またはミシンでざくざく縫って、犬の布団にしています。また、タオルのマットは台所用に足ふき用に、何枚あってもいいものです。(京都市・小玉光子さんより)

金太郎さんの腹がけスタイル

●赤ちゃんのムウムウ

浴用タオル1枚で作る赤ちゃんの汗とり着です。

タオルを2つ折りにし、頭が通るよう穴をあけ、さらに前身ごろ側に、8センチくらいの切りこみを入れておきます。ここをバイアステープでくるみ、衿元を結べるようにひもをつけます。左右の脇にも、2カ所ずつ結びひもをつければできあがり。

夏のお風呂あがり時など、汗をよく吸いとってくれ、お腹を冷やしません。後ろ前に着せれば、食事用のエプロンにもなります。

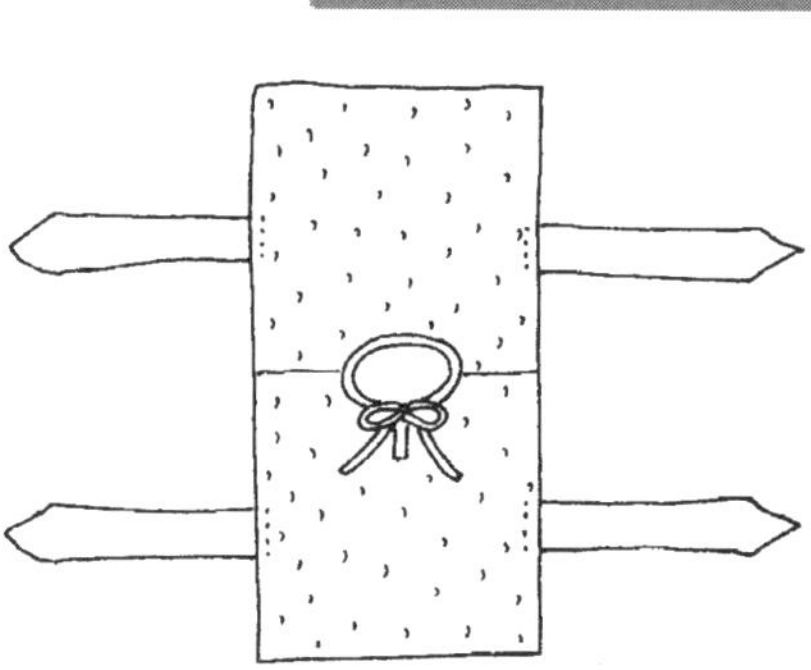

シーツ・布団カバー・毛布

シーツや布団カバーなどの寝具類は、たっぷりと布が使われ、しかも直線裁ちなので、補修したり、使いまわしは意外に簡単です。また、毛布の弾力とあたたかさは捨てがたい素材。鍋つかみ、キルト芯などにと、応用範囲自在です。

ガムテープを使うのがミソ

●アイロン台カバーに

余りもののシーツを利用して、アイロン台のカバーを張り替えましょう。ただし、化繊の入ったものは高温に弱いので、不向きです。

アイロン台をたっぷり覆える大きさに、シーツを切ります。アイロン台を裏返して、シーツを引っ張りながら、ガムテープをベタッと張りながら止めていきます。針も糸も不用。汚れたら、すぐに張り替えられます。

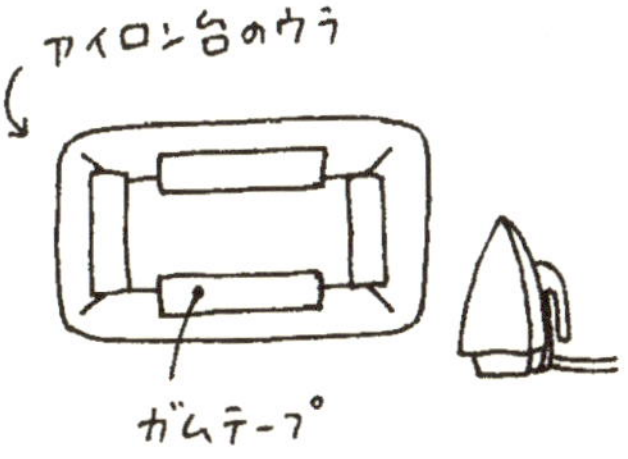

いいとこどりで作りました

●枕カバー

傷んでいるところとそうでないところの差の大きいシーツや布団カバー。きれいな部分だけをつなぎ合わせて枕カバーを作っています。（福岡県北九州市・筧和子さんより）

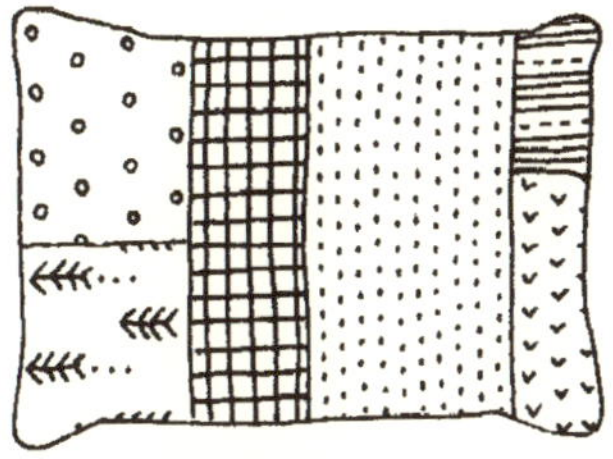

●アクリル製のシーツは
起毛のアクリルシーツは、小さく切って食器洗い用に。油汚れ以外は、洗剤なしでも落ちます。ガスレンジやシンク洗いにも役に立っています。

いわば、シーツのパッチワーク

●シーツ再生法

使っているうちに、真ん中部分が薄くなってしまったシーツは、横半分に切り、両端の傷んでいない部分が真ん中にくるように縫い合わせます。縦半分に切って、同じように両端を縫い合わせても。

もうひとつの方法は、何枚かのシーツを合わせて、使える部分を縫い合わせ、布団をぐるりと一周できるような輪にします。これをぐるぐる回転させながら使えば、一ヵ所がすり切れず長持ちします。

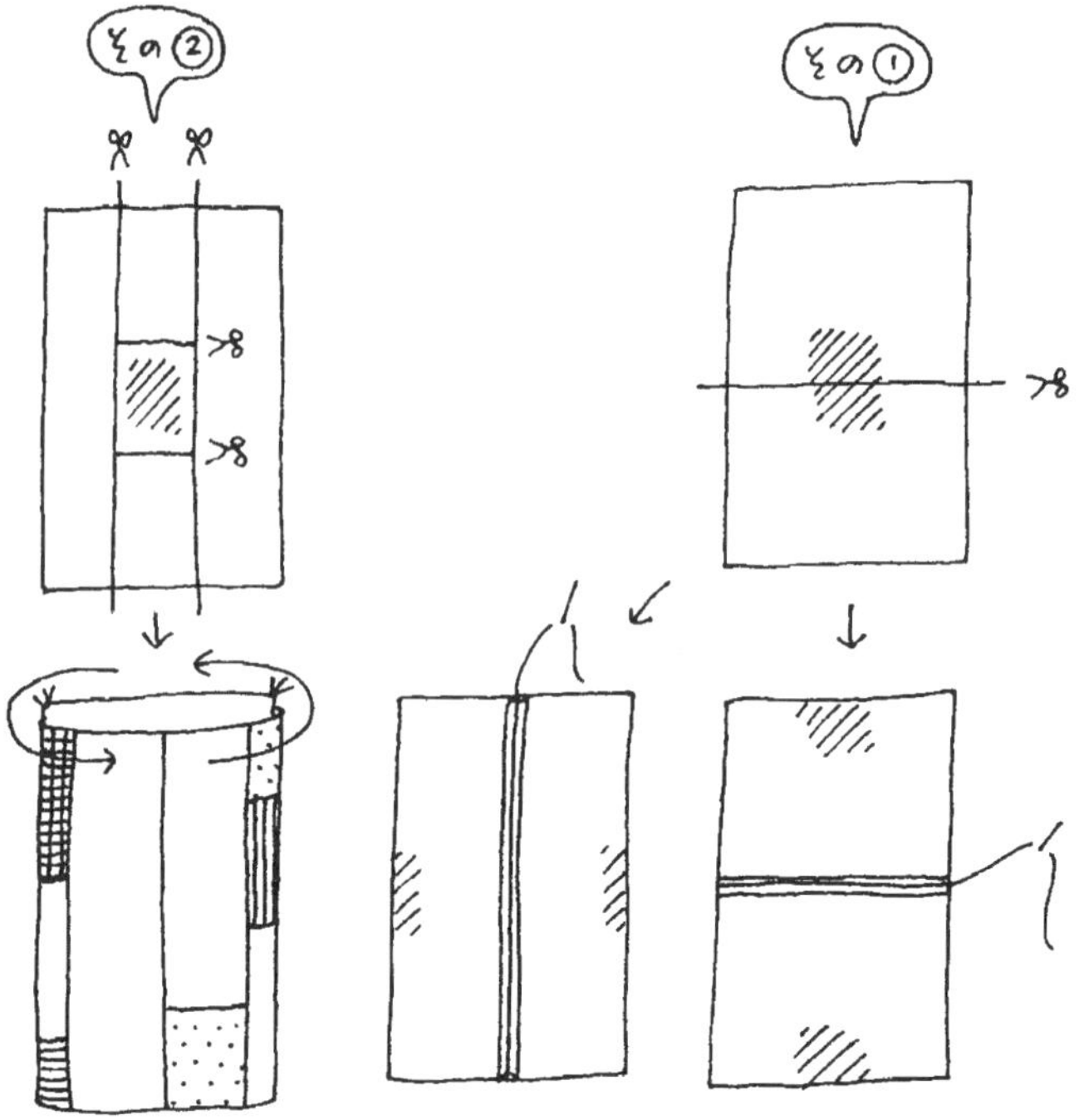

●布団袋代わりに
ふだん使わない布団は、古カーテンやシーツにくるりと包んで、押入れに。布団袋に入れなくても、ほこり、汚れよけになります。(札幌市・八田久仁子さんより)

赤ちゃん連れのお出かけに

●アイデアおくるみ

タオルシーツを再利用して、おくるみを作ったら、一押しの自信作になりました。

タオルシーツは適当な大きさに切り、木綿布と縫い合わせて二重にします。おくるみとして、外出時のマットや昼寝のときの上掛けとして、1枚あると重宝します。たたんでクルクル巻いてから、輪にボタンをとめられるようにしておくと、持ち歩きに便利。

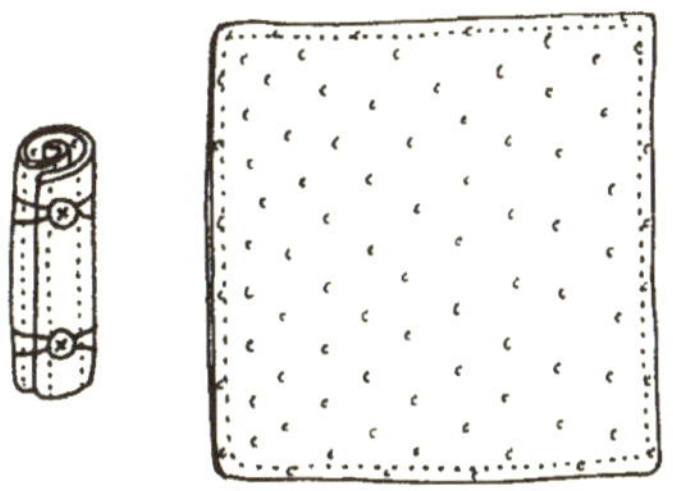

使いこんであるから肌にやさしい

●布団カバーから夏布団

古い布団カバーにキルト綿をはさみ、ざっとキルティングして薄手の布団を作ったら、夏、とても重宝しています。角のすり切れた部分を切り取ったので、ひとまわり小さくなりましたが、夏掛けなのでそれでも充分です。（岡山市・尾川由紀子さんより）

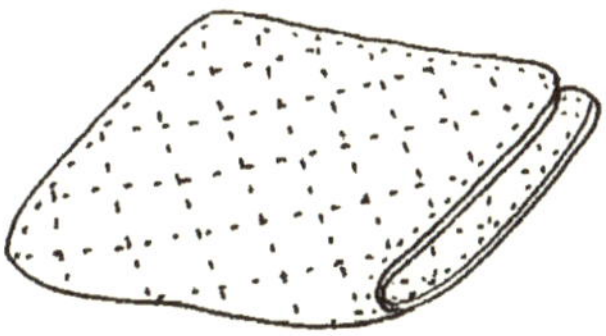

赤ちゃんが成長したら

●ベビー毛布をパッチワークの中綿に

パッチワークで玄関マットを作りました。市販の中綿のかわりにベビー毛布を使ったら、キルティングがちょっとたいへんでしたが、厚地でしっかりしたマットになりました。

●うちのワンちゃん用
犬のシャンプーをしたとき、木綿のシーツはバスタオル代わりに最適です。また、犬を車に乗せるときシーツを敷けば、シートが汚れる心配がありません。

ひと手間かけて、布で包んで

●古毛布の座布団

古毛布を40センチ角に切り、3枚重ねにします。これを余り布などで包み、座布団に。彩りのよい糸で4隅と、ところどころを刺し、結び止めておけば、中の毛布がしっかりと納まります。車の中などで大活躍してくれるでしょう。

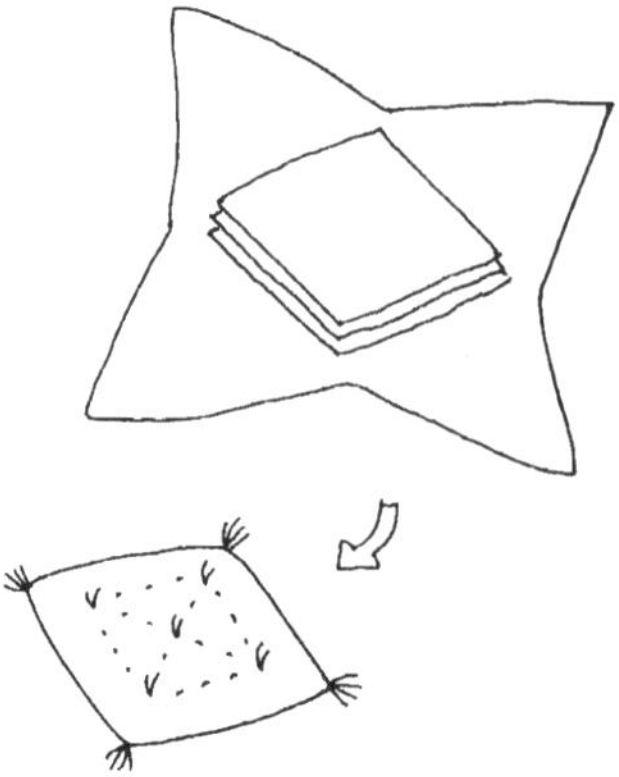

使い勝手のよさがおすすめ

●広々アイロン台

古い毛布をテーブルサイズに折り、木綿布でくるんで粗く縫いとじて、ワイド版のアイロン台に。使わないときはたたんでしまえるし、丸洗いもできます。（東京都葛飾区・芳野あおさんより）

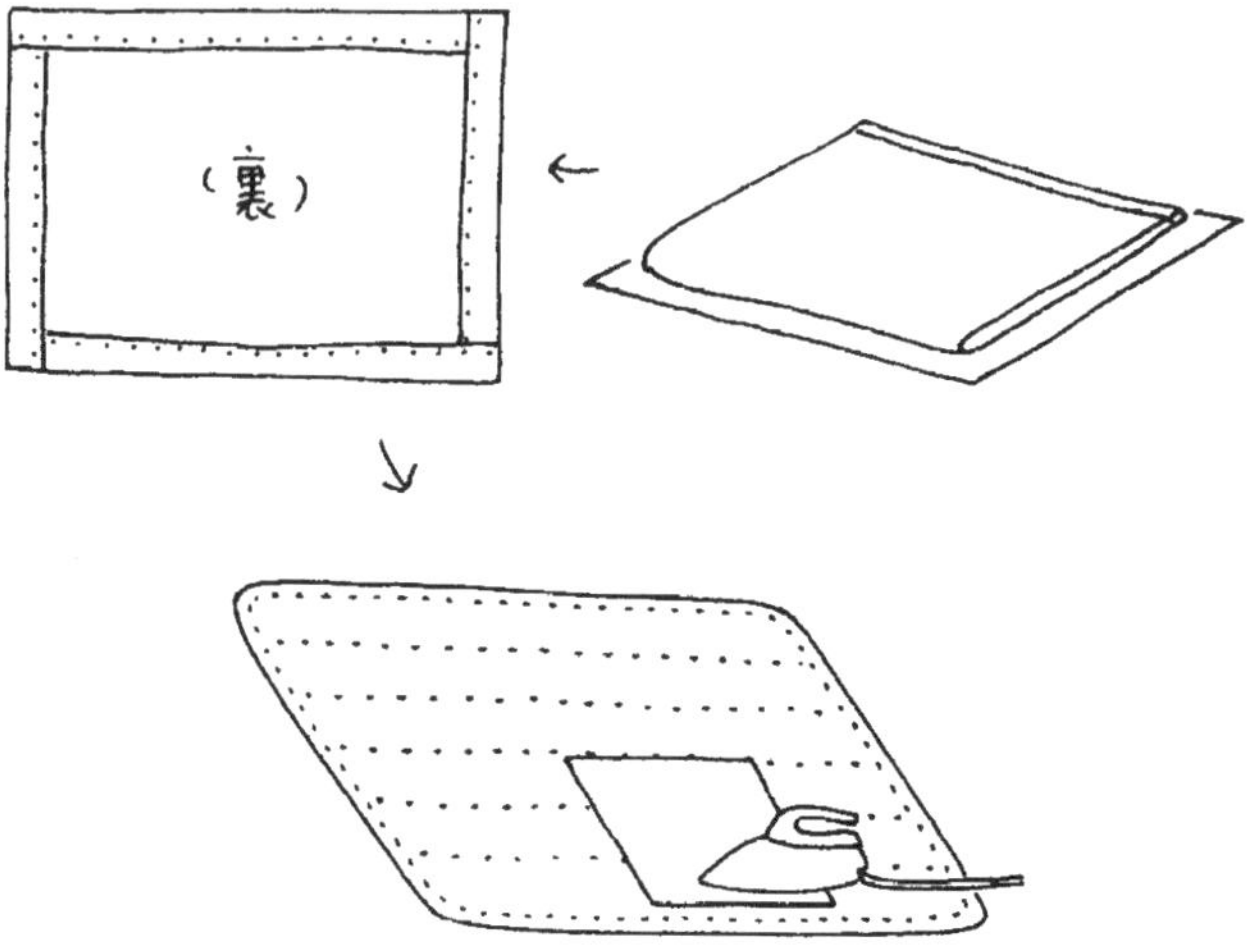

カーテン

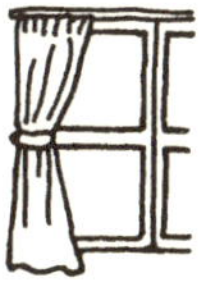

カーテンの再生というと、映画『風とともに去りぬ』に、主人公がカーテンを使って、みごとなドレスを仕立てるシーンがあったことを思い出します。ドレスとまではいかなくても、古いカーテンを再度役立てるこんなアイディアも。

既製の袋を買わなくても
●古カーテンで布団袋

カーテンは用尺がたっぷりあるので、布団袋などの大物をつくるのにぴったり。袋物を作るときと同様に、底が1メートル四方になるように作り、出し入れ口にひもを通すか、ファスナーをつけます。

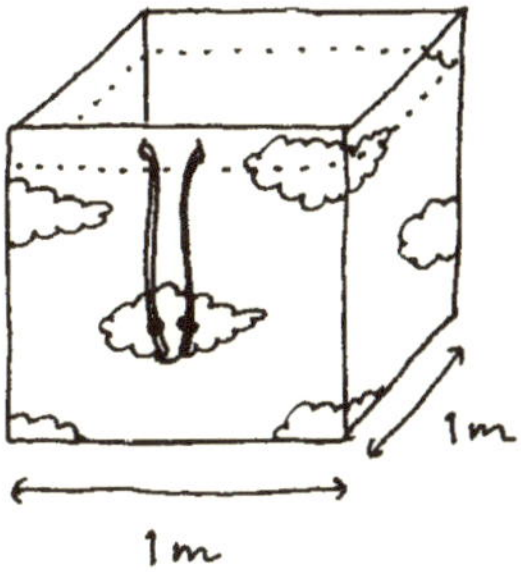

戸外でわいわい楽しもう
●ガーデンテーブルクロスに

古いカーテンをそのまま、ガーデンテーブルクロスに使ってみました。大柄のカーテンでも、戸外では意外に映えるもの。また、車で出かけるとき、カーテンをピクニックシートにしてもよさそうです。

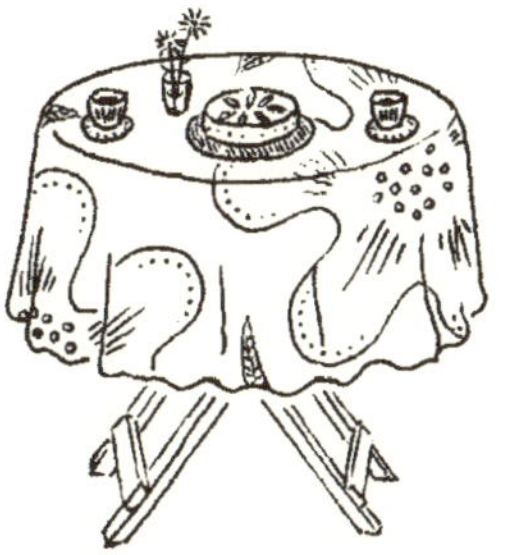

●カーテンからハンモック
古いカーテンを裂いて、ひも状にして、粗く編み、ハンモックや敷き物を作りたいと思っています。(岡山県玉野市・横原瞳さんより)

リビングが明るくなりました
●コタツ掛けに

カーテンを2枚合わせ、縁をチロリアンテープでかがって、コタツ掛けにしています。

同じカーテンで、おそろいの座椅子カバーも作りました。（兵庫県伊丹市・西郷正子さんより）

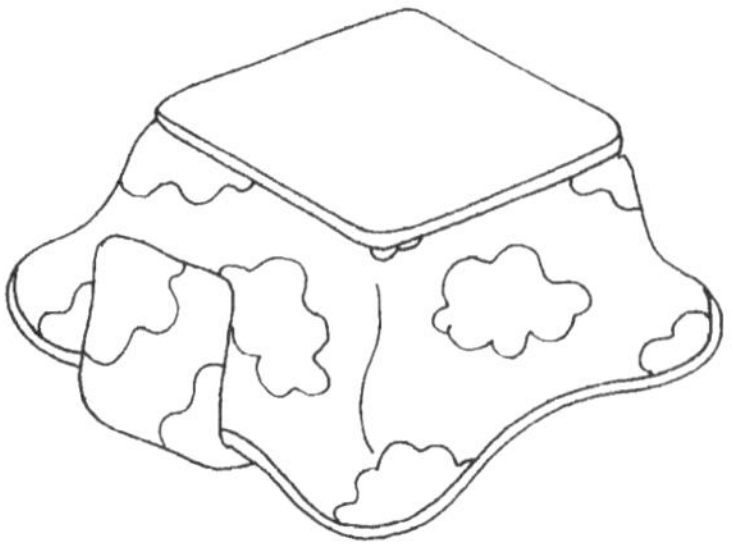

●返し縫いは思いついたときに
カーテンなど、長い縫い代を手縫いするときは、途中で思いついたときに、何度か返し縫いをしておくと、ほつれにくく、また縫い目が開きにくくなります。

風呂敷・化繊の布・傘

風呂敷はその大きさを、洋服の裏地やスカーフなどの化繊ものは、軽さと丈夫さを生かせば、利用範囲がぐっと広がります。また、傘はホネが折れて雨の日に役に立たなくなっても、防水加工済みの傘布まで捨ててしまうのはもったいない。傘布は三角形の組み合わせだということも、要チェック。

斜め生地なので肌になじみます
●スカーフでブラウスを

かわいい色柄のスカーフがあったので、子供のブラウスを作ってみました。

まず、スカーフを対角線で2つ折りし、衿ぐりを半円形に切り取り、バイアステープで始末します。このとき、スナップをつけられるよう、後ろに切りこみを入れると、着脱ぎがラクです。袖丈は長袖にも、短めに切って半袖にもなるので、お好みで。また、袖口にはゴムを入れてもいい。裾はそのままでも、ウエストにゴムを入れても。

大判のスカーフや風呂敷からは、大人用も作れます。

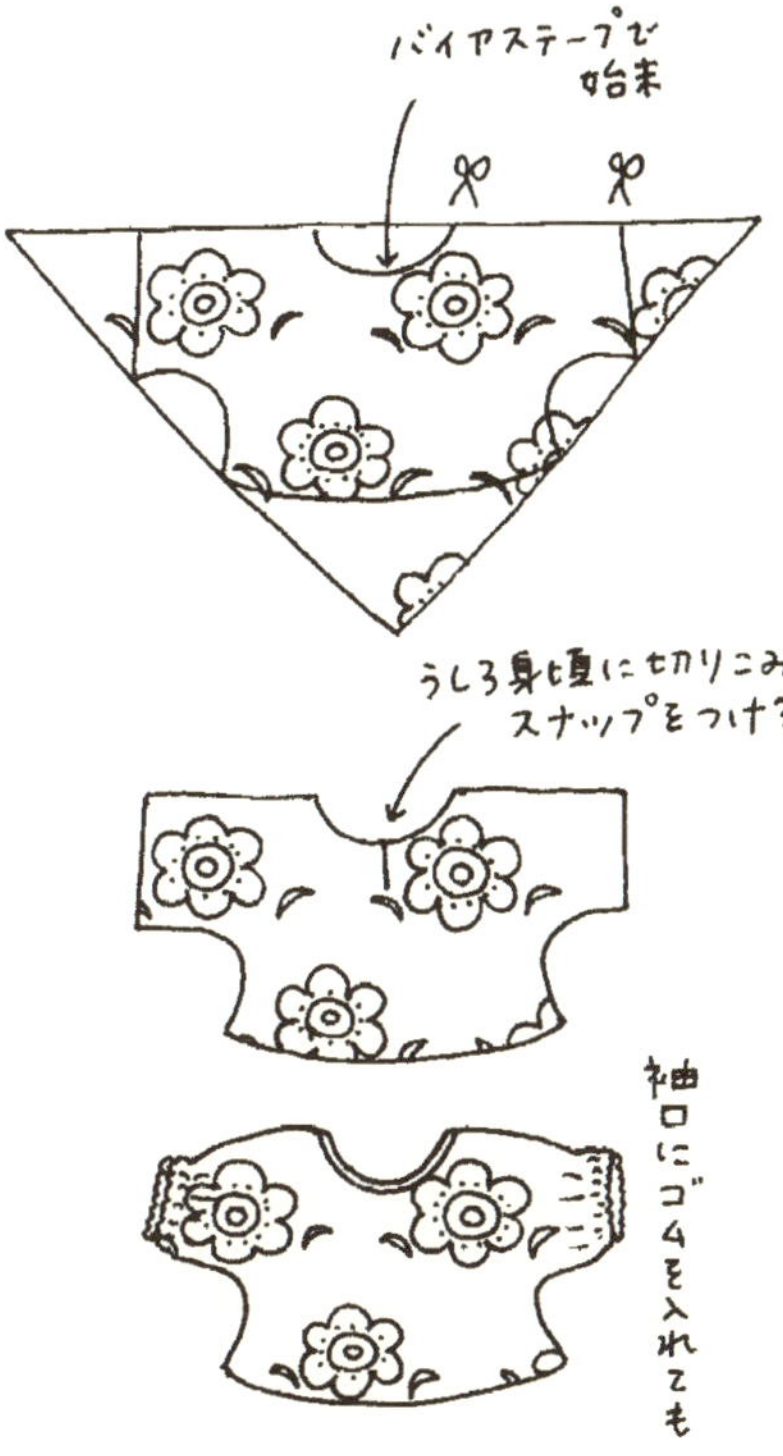

●付属品はとっておく
衣類や寝具のボタンやホック、ファスナー類は捨てないでとっておきましょう。ちょっと必要になったとき、わざわざ買わなくてもこれで間に合います。

虫除けのポケットつき

●風呂敷で洋服カバー

最近めっきり出番の少なくなった風呂敷は、洋服のホコリよけに。四角い形をそのまま生かしたので、肩に虫除けを入れるスペースができました。

風呂敷は2枚合わせ、左右を縫います。上になる一辺の中心はハンガーの頭が出るくらい縫い残し、左右も5センチくらいずつ縫い残しておきます。肩下がりを縫ってできた三角形を虫除け入れに。

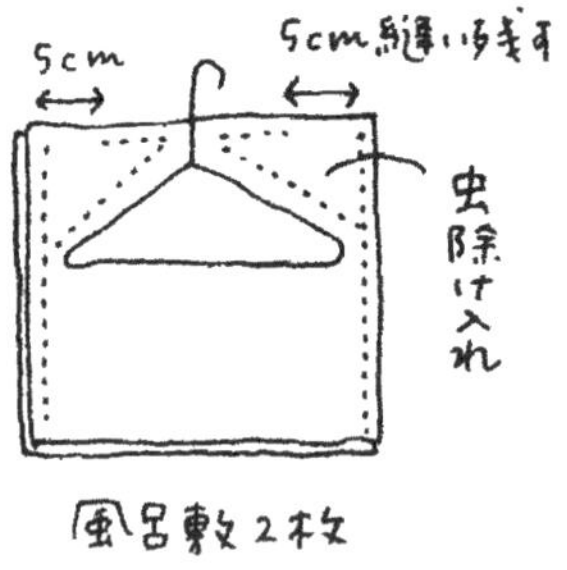

おばあちゃんから教わりました

●手作りハタキ

化繊類はとかく、敬遠されがちですが、軽く、ホコリを吸いとってくれるので、ハタキにはもってこいの素材です。

化繊の風呂敷、裏地、スカーフなどで幅5センチ、長さ60～70センチの帯を20本くらい作ります。50センチほどの長さの細い竹の棒を用意し、先端から3センチのところに細いクギを打ちます。帯の中央を柄の先に当て、クギにかぶせるようにしてひもでしばります。次に、帯を先のほうで返し、クギの先でもう一度しばってから、帯の長さを切りそろえてできあがり。

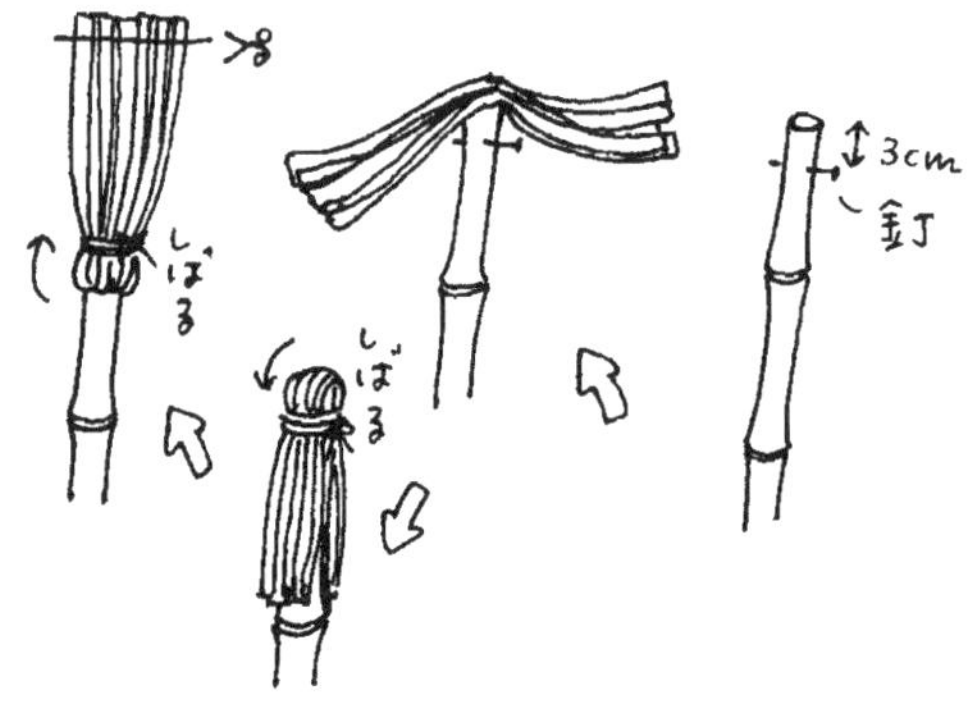

●ヘタの長糸
ラクをしようと長く針に通した糸を、昔の人は「ヘタの長糸」と、いましめました。糸の長さは指先からひじの丈の2倍くらいが目安です。

薄手のスカートをはくときに
●風呂敷のペチコート

裾のまとわりつく一重のスカートには、裏地替わりのペチコートがあると便利です。

薄手の風呂敷2枚を、裾のスリット分を残して縫い合わせます。ウエストは3つ折りに縫って、細めのゴムを入れるだけ。粋な模様の風呂敷で作ると、着ていて楽しい。

なんてことないんですが
●化繊の風呂敷を枕の中袋に

結婚式の引き出物を包んであった化繊の風呂敷は、これといった使い道がなくて困りもの。ふと思いつき、これで枕の中袋を作ってみたら、ホコリが出にくくなっていい具合です。

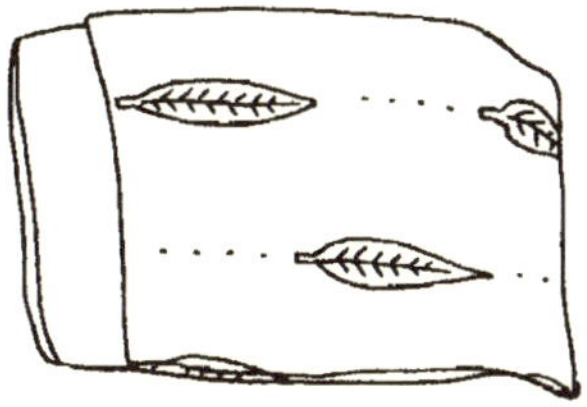

●絹糸で縫うときは
絹糸はからみやすいものです。縫う前に糸をピンと張って、指先でひっかけ、三、四回はじくようにすると、からまずにスムーズに縫えます。

昔風模様がなぜか新しい

●羽織りの裏地を利用

祖母の着ていた羽織り。思いがけなくも、裏地がステキだったので、ブラウスに仕立て直してみました。残り布でスカーフを作ったら、お友達からうらやましがられました。

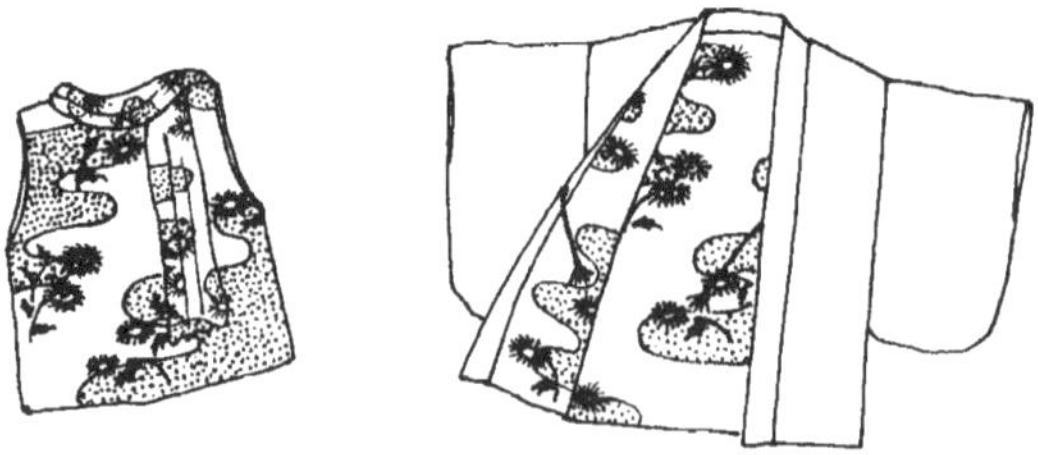

帰りがけの買い物用に1枚ほしい

●傘布の携帯用手さげ袋

傘から布の部分を取り外し、縫い目をほどいて三角形を1枚ずつバラバラにします。これを4枚または6枚、交互に組み合わせて縫い、残りの布で持ち手をつけます。軽くてかさばらず、雨にも強いので、外出のときにバックに入れておくと重宝します。

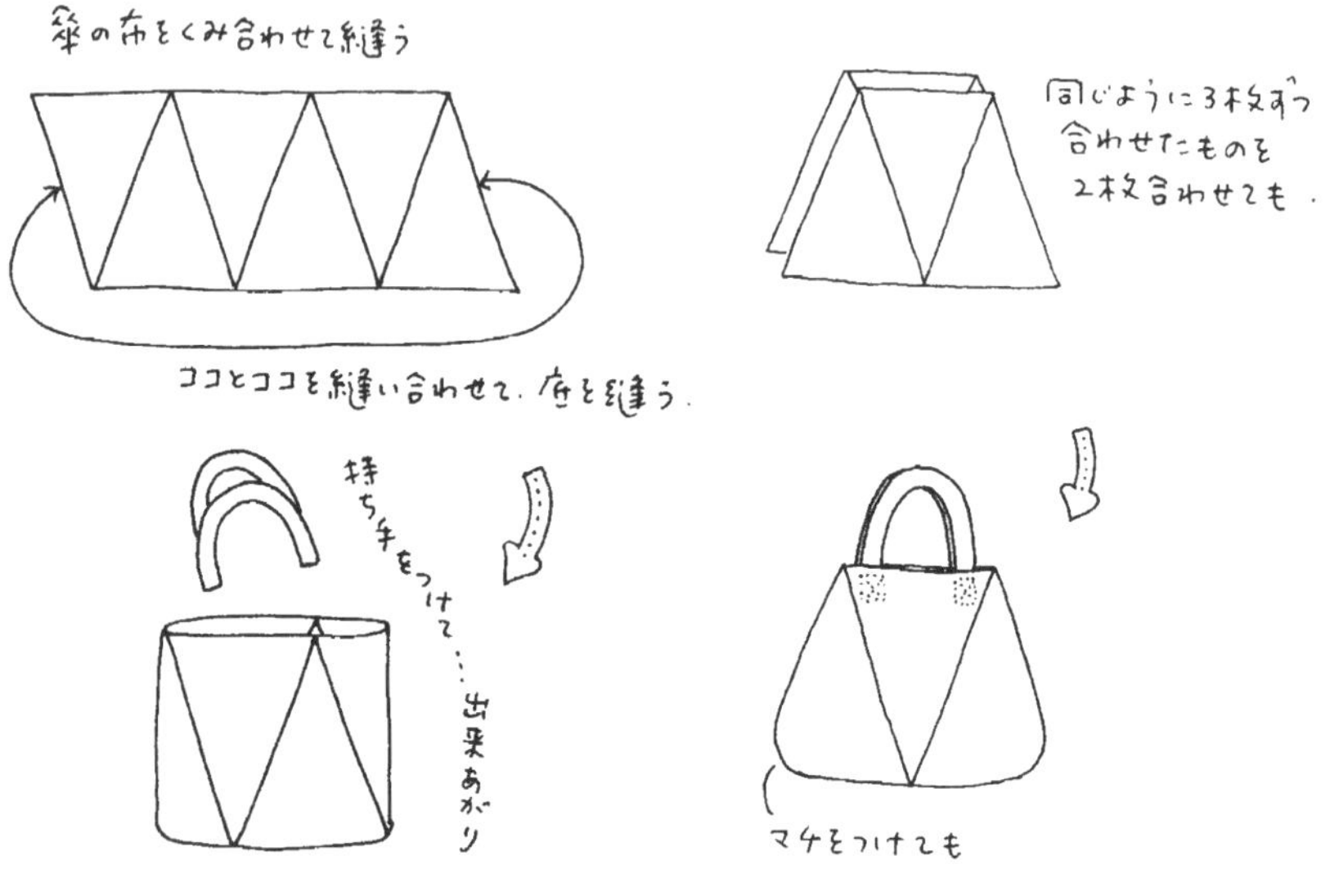
傘の布をくみ合わせて縫う
同じように3枚ずつ合わせたものを2枚合わせても。
ココとココを縫い合わせて、底を縫う。
持ち手をつけて……出来あがり
マチをつけても

水仕事の強い味方
●傘布からエプロン

傘の防水性を生かしたアイデアです。

生地を傷めないように注意しながら、傘のホネから布を取りはずします。6角形または、8角形の傘布を半分にほどき、ここに幅5センチくらいのひもを縫いつけます。傘のふくらみが体型に合って、1本の傘から、2枚のエプロンを作れます。

旅行用のポーチに
●傘布の三角形でポーチ

傘の布の三角形1枚を、折り紙のように折って縫うだけでできるポーチです。出し入れ口にファスナーをつけるのが面倒なら、マジックテープでも。軽くて、丈夫、防水性もあるので旅行に便利です。

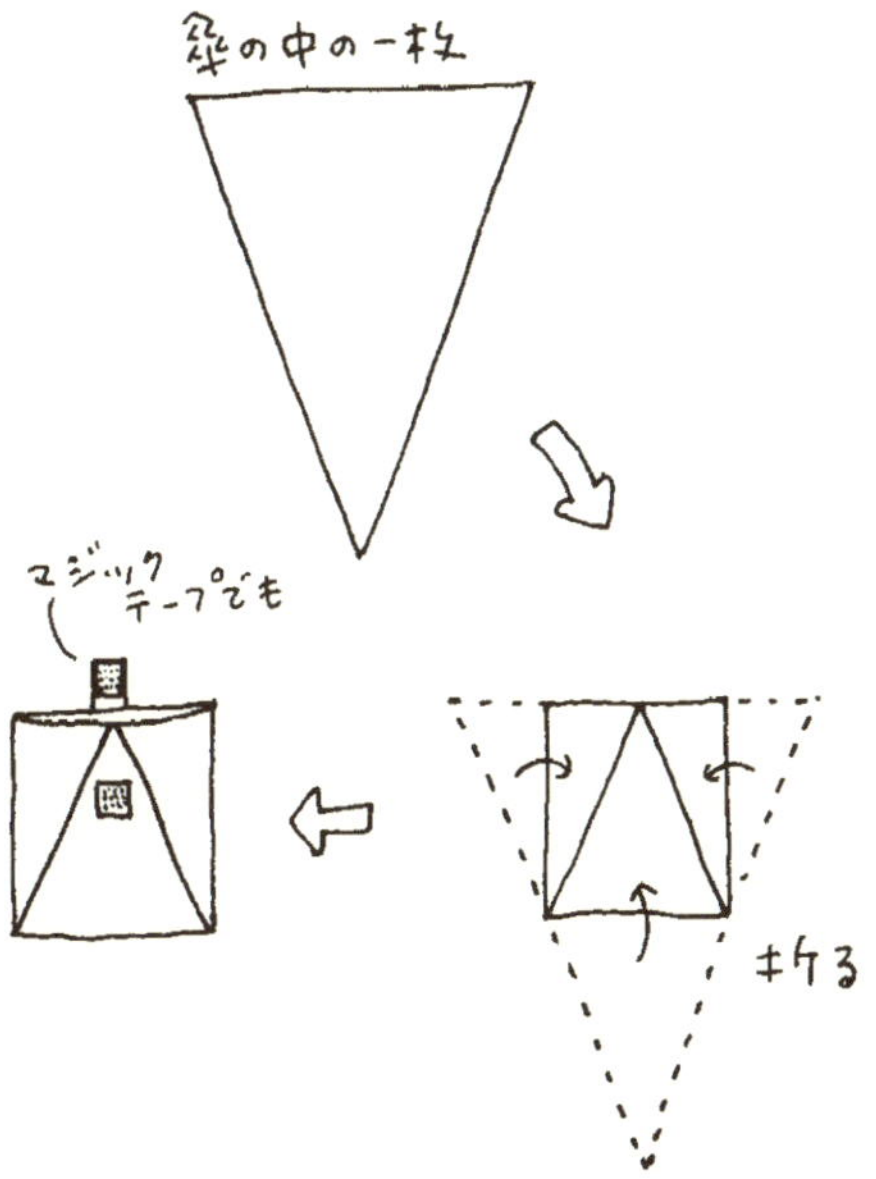

ハギレ・小ぎれ

暮らしに必要な布類は、糸を紡ぎ、織るところから手作りしていた昔の人は、「小豆三粒包めるほどのハギレは粗末にするな」と言い伝えてきました。時代はかわっても、小さな布を大切に使いこなす、その心意気だけは捨てたくないものです。

ぼろ布を最後まで使い切ります

●小ぎれを掃き掃除用に

洋裁のハギレや古着は小さく切り、掃き掃除用に使っています。水をふくませて、ベランダやコンクリートなど、水を流せないところに散らしてホウキをかければ、ほこりが出ません。（福岡県北九州市・筧和子さんより）

どんどん編めば、マットにもラグにも

●裂き布で鍋敷き

布を細く裂き、リボン状にして三つ編みにします。それをくるくると丸く平らに巻いていき、糸で止めれば、円形の鍋敷きに。使う布によって、予想外のおもしろい柄ができるのが楽しい。

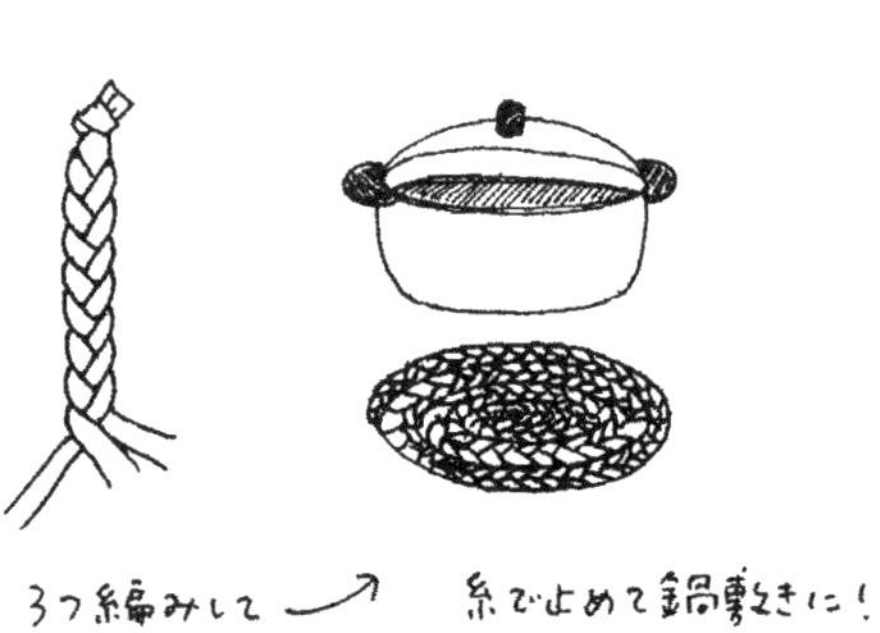

あなたのヤル気とアイデア次第
●小ぎれでいろいろ

残りものの小ぎれを使って、ハンカチや布巾をたくさん作っておきましょう。円形や楕円形でもいいし、色柄の組み合わせを楽しみながら、パッチワーク風に何枚かを縫い合わせても。

これをランチョンマットや、お手ふき、カゴの中敷きなどに。

何枚かを縫い合わせ、端はバイアステープやブランケットステッチで始末しておけば、鍋敷きもなります。アイデア次第で、暮らしの中に小さい布が生きてきます。

ひと昔前は、これが普通でした
●ハギレでひもを

縫い物やリフォームをしていると、どうしてもたまってしまうハギレ。3センチくらいの幅に切って縫いつなぎ、ひもを作っておくと、古新聞紙をしばったり、小包を送るときに助かります。縫いつなぐのが面倒なときは、結ぶだけでも。

色のきれいな布で作れば、贈り物用のリボンとして使えます。

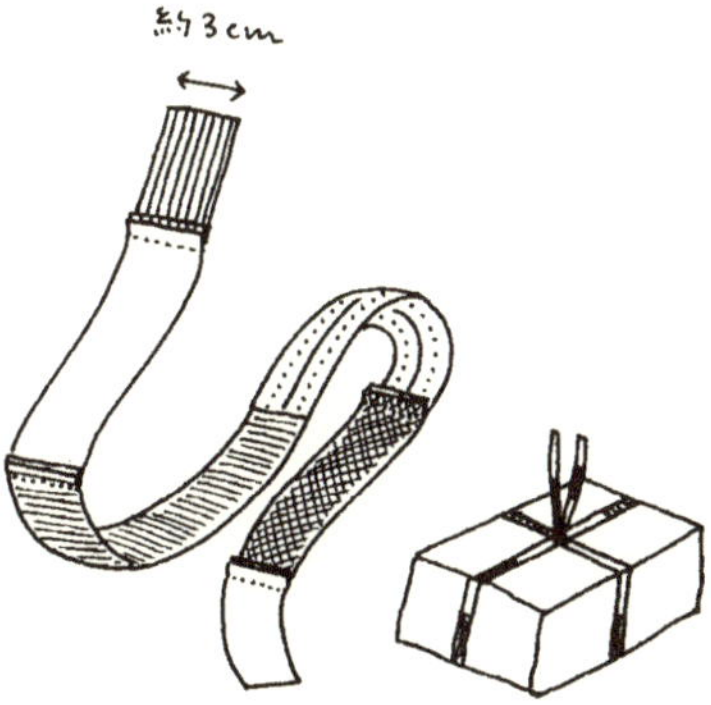

物干しロープがすっきり片付く
●洗濯バサミ袋

厚手の布で、バケツ型の洗濯バサミ袋を作りました。洗濯物を干すとき、袋のひもを手に通して使えば、洗濯バサミがバラバラにならずに重宝しています。

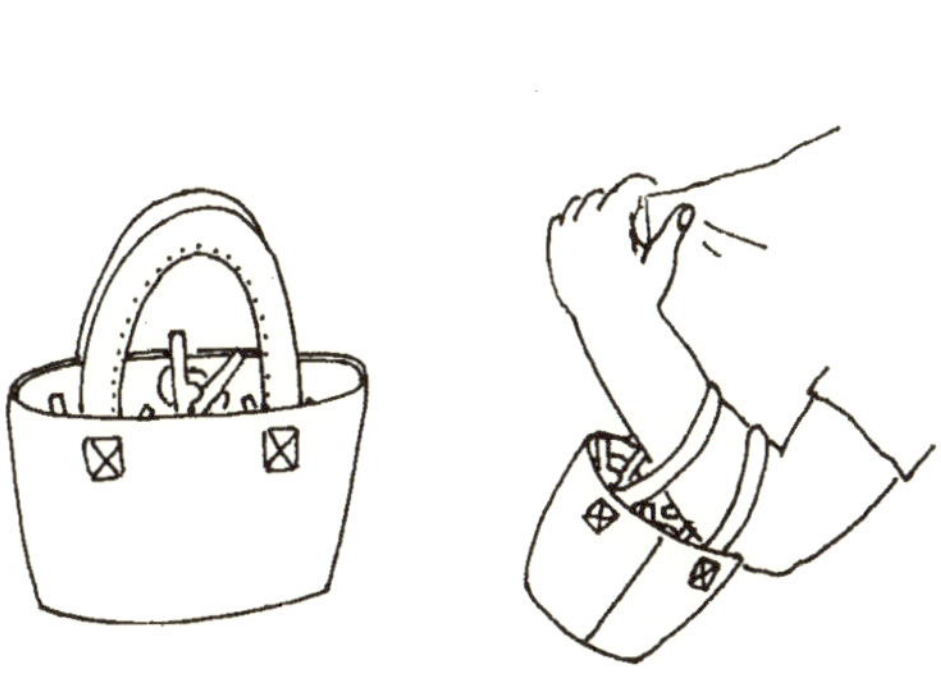

裂き布でぞうり

素足に心地よい布ぞうり。意外にカンタンです。

用意するのは、
ハギレと麻ヒモ だけ

①

麻ヒモを 足まわり×2 の長さに
切り、2重の輪にして結んでおく。

これがタテ糸

②

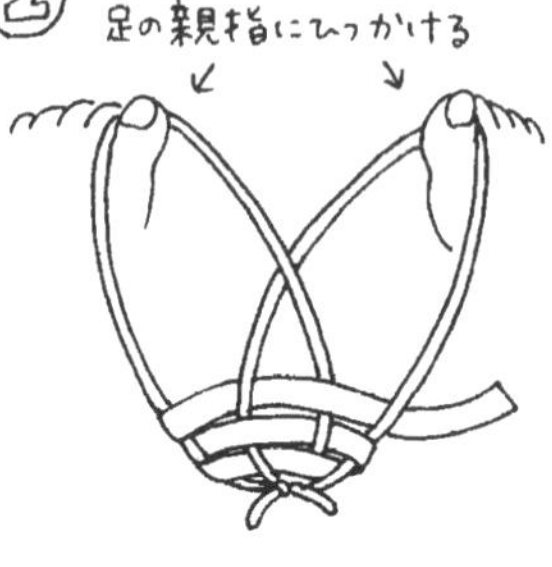

足の親指にひっかける

幅3cmくらいに裂いた布を
麻ヒモに交互にかけて織る。
一段ごとに指でつめる。
足の幅に合わせて調節しつつ
織ること。

③

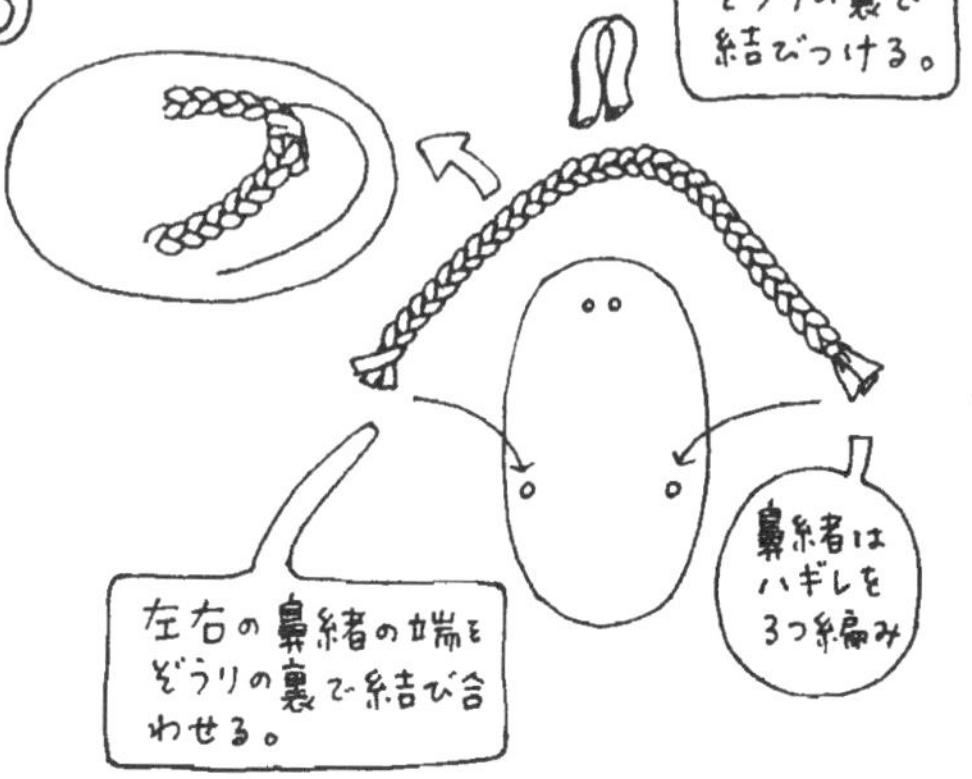
ハギレかヒモで
鼻緒《はなお》を結び、
ぞうりの裏で
結びつける。
左右の鼻緒の端を

カラフルにつなぎ合わせて

●余り布でバイアステープ

8～10センチ幅の、柄も素材もいろいろな幅広バイアステープを作っておきます。これで古いバスタオルやシーツの端をくるんで縫い、足ふきマットに。いろいろな布の変化がパッチワークのようで楽しい。

バイアステープは、布を斜めに切って、縫いつないで作ります。布目が斜めになるので、伸縮がきき、縁を始末するには便利なアイテムです。

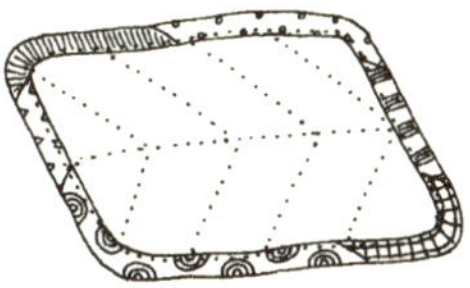

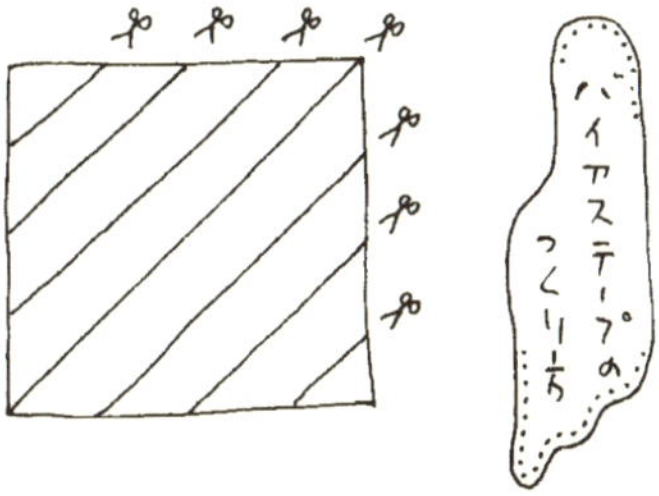

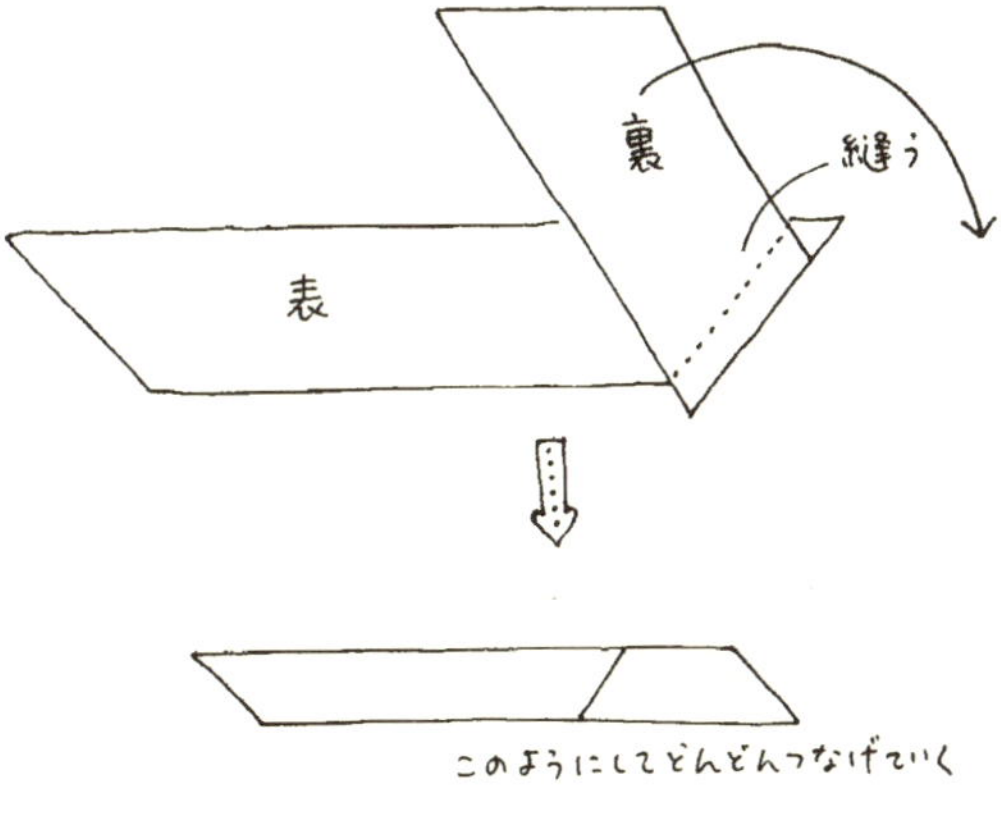

●ブドウの皮で染める
ブドウを食べた後の皮は、冷凍庫に保存しておき、ある程度たまったら煮出して、Tシャツや綿シャツを染めてみませんか。媒染剤にはミョウバンを。染めたては紫色だったのが、次第に茶色がかった色に変わっていくのが、不思議におもしろい作業です。

ダンボールで裂き織

ダンボールの即席織機で花瓶敷きやコースターを織ってみよう。

①

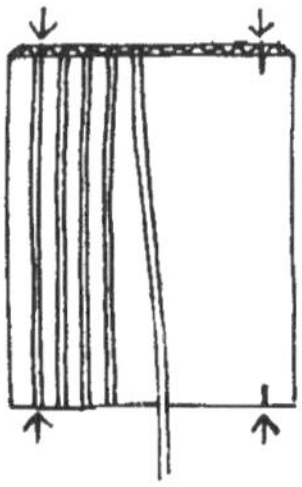

糸がゆるまないように段ボールの四隅に切り込みを入れ、タテ糸を等間隔に巻く。両端は2重に巻く。

用意するもの

- 段ボール
- 毛糸のとじ針
- ハギレや古布（約1cm幅に裂く）
- タテ糸（たこ糸、刺しゅう糸etc 伸縮の少ない糸）

②

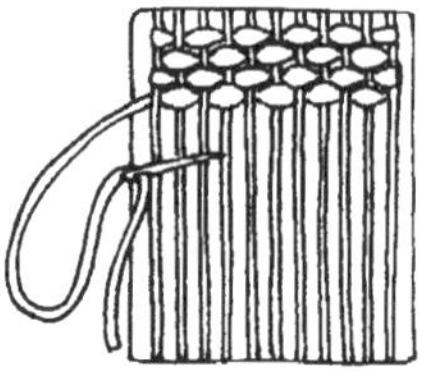

とじ針に裂き布を通し、タテ糸の間を交互に通して織る。一段織ったら、指でツツッとつめる。

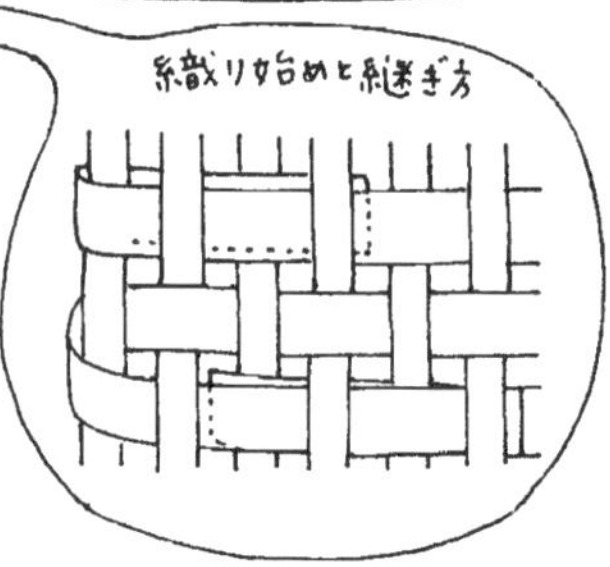

③

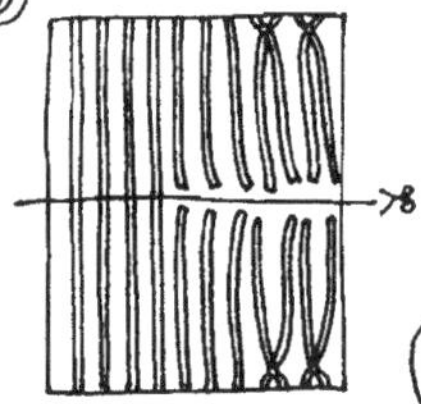

段ボールの片面を織りあげたら、裏側でタテ糸を切って結び、できあがり。

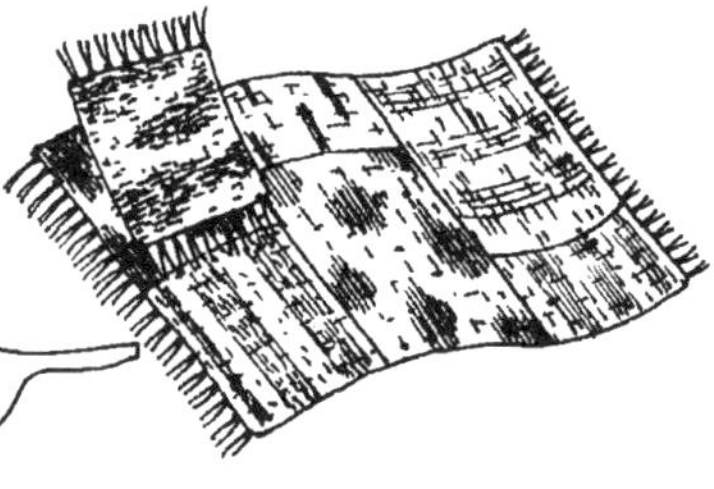

何枚かつなげば大きなマットもできる

紙では作れませんが

●折り紙バッグ

正方形の布を折り紙のように折って、バッグを作りましょう。

余りぎれやハンカチ、風呂敷などで用途に応じて作っておくと便利。お弁当袋にもなります。

四辺をまつった正方形の布を用意し、2つの角を折り合わせて縫い止めます。これを2つ折りにし、両脇を合わせてマチ分を縫います。表に返し、図のようにひも通しを作れば完成です。

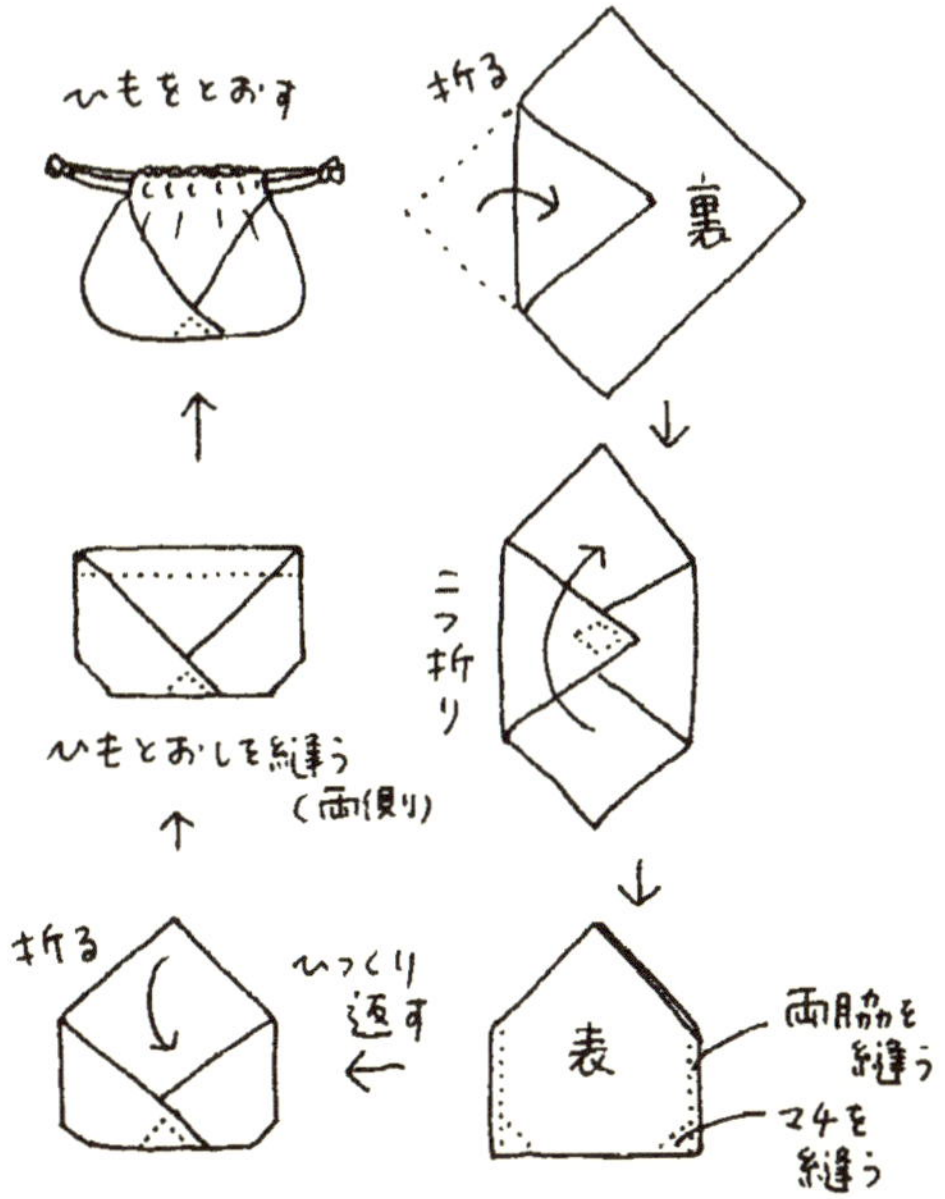

●栗のイガで染める
若いころ着ていた白いブラウスを、栗のイガで染めてみました。
栗イガとひたひたの水を鍋に入れて沸騰させ、20分くらい煮出します。栗イガを引き上げ、染めたい布を浸して、さらに20分ほど煮た後、水気を絞ります。色止めのために、3％のミョウバン液に3分間つけ、水洗いして完了。どんな色に染め上がるかお楽しみに。

こんな工夫も

衣類や古布を生かすアイデアは、まだまだたくさん。虫食いの直し方、小ぎれの利用法、身近な素材で染める方法などなど、最後まで布を使い切っていくための、工夫の数々をご紹介しましょう。

極めつきの古布の使い方
●キッチン用ストック

作り直すにはどうかという、衣類やシーツ、タオルなどは、適当な大きさに切って空き缶にストック。缶にきれいな布や紙を貼っておけば台所に置いても気になりません。この布で皿や鍋の汚れをふきとってから洗えば、台所に石けんいらず。レンジの汚れも、この布でひとふき。

補修でなくてもいいんです
●リボンでアップリケ

子供のトレーナーやセーターの穴あきには、厚手のリボンやチロリアンテープをアップリケのように縫いつけて補修を。裁ち目が2辺だけなので、つけるのもラク。お下がりの服でも、リボンアップリケでマイ・ブランドに。

●ボタンを替えて女の子用
男の子用のワイシャツの胸ポケットを取り、ボタンを赤、青、黄、ピンクなどのカラフルなものに付け替えるだけで女の子のブラウスに。衿もとにリボンを結んでもかわいい。

大切なのは、見栄えよりあたたかさ

●タイツのズボン下

つま先やカカトが傷んでしまったタイツは、足首のところで切ってしまい、古靴下のゴム編み部分を縫いつけます。切り口を3つ折りにして、ゴムカタン糸でかがっても。これでずり上がってくる心配もなく、タイツ独特のつま先のむれや、つっぱり感もなく快適ズボン下に。

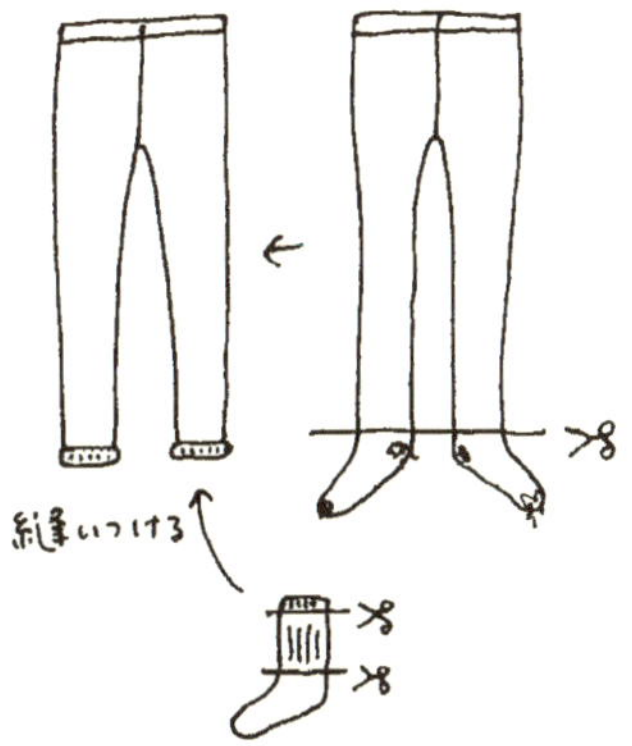

なかなか、やるぅ

●指輪の保存には手袋を

片方だけになってしまった手袋。指の部分を1本付け根から切りはずし、中に綿をつめて、付け根を糸でとじます。これに指輪をはめてしまっておけば、大切な指輪がどこかにまぎれこむ心配解消です。

手袋そのままに綿をつめて、手首側におもりとして、ビンをいれ、ここに指輪をはめれば、おしゃれなオブジェにも。

傷むところは、決まっているので

●手袋は当て布で補強

普段用の手袋は、すり切れてしまう前に、配色のいい厚手の布を外側にまつりつけて、補強しておくと長持ちします。

室内用オーバーソックスなどにも、この方法は応用可能です。

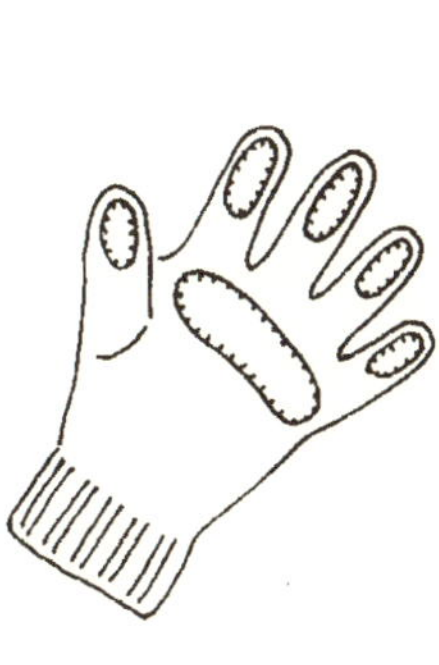

赤ちゃんの肌にやわらか

●布おむつの当て布

古くなった肌着や木綿の布をティッシュペーパーのケースに入るくらいの大きさに切って、たくさんためておきます。これをおむつに1枚当てておくと、洗濯もラクだし、おしっこだけのときは、洗ってまた使えるので、無駄にはなりません。

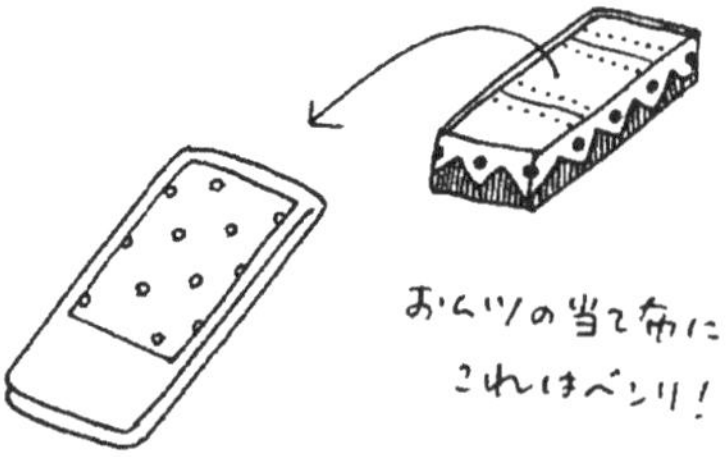

毛糸でも、縫い糸でも

●虫くいの始末

お気に入りのセーターや服に虫くいの穴を発見してガックリ、なんてことありませんか。穴が小さいようなら、裏から糸で星型に刺して穴をふさいでしまいます。

穴が大きかったり、ほつれやすい生地なら、穴が広がらないように周りをかがってから、表から別布を当て、当て布の色柄を生かしながらアップリケ風にかがりつけます。または裏に当て布をしても。その場合はまず、穴の周りのほつれ糸を切り、裏から配色のよい布を当てて軽く縫い付け、穴の周りを細かくかがります。

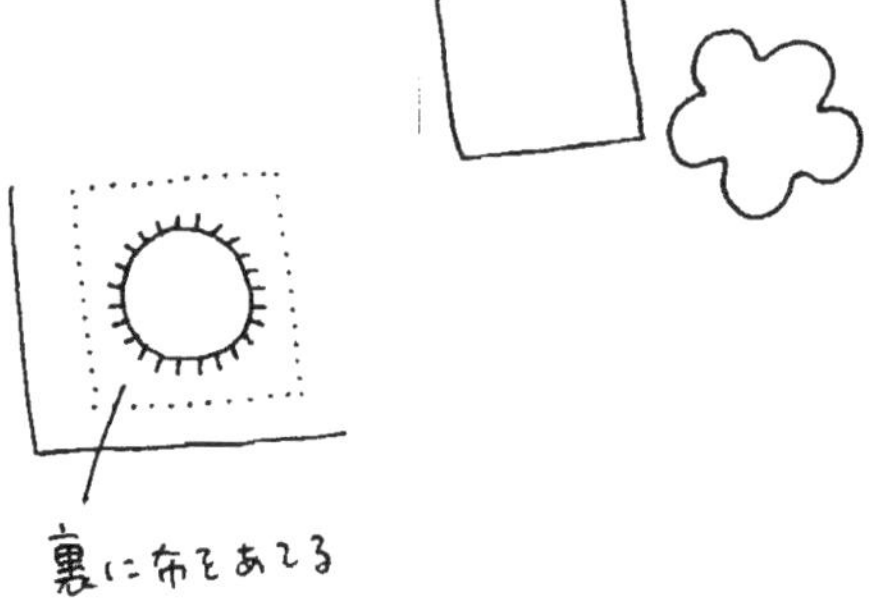

●黄ばんだワイシャツは染めて
たまってしまった中学・高校の制服用ワイシャツ。少々黄ばんでいても、染めればエプロン、袋物など、いろいろなものを作れます。媒染剤不用の化学染料「ダイロン」などを使えば、初心者でも手軽に染色を楽しめます。

ボタンホールを作らなくても

●ループがお気に入り

ボタンホールを作るのは、素人には面倒で、難しい仕事です。また、生地に穴をあけることになるので、リフォームするとき、活用面が減ってしまうのももったいない。そこで、ひもをボタンにひっかけるスタイルのループにしてみては。ボタンホールより簡単で、意外におしゃれな感じになります。

我慢して着たくないから、ひと工夫

●袖つけがきついなら

肌着の袖つけがきゅうくつなときは、袖のつけ根と脇を少しほどき、ひし型のマチ布をはめ込みます。これでだいぶゆったりして動きがラクに。

着古したTシャツを細長く切り、これをマチとして、袖と身ごろのあいだにはさむ方法もあります。

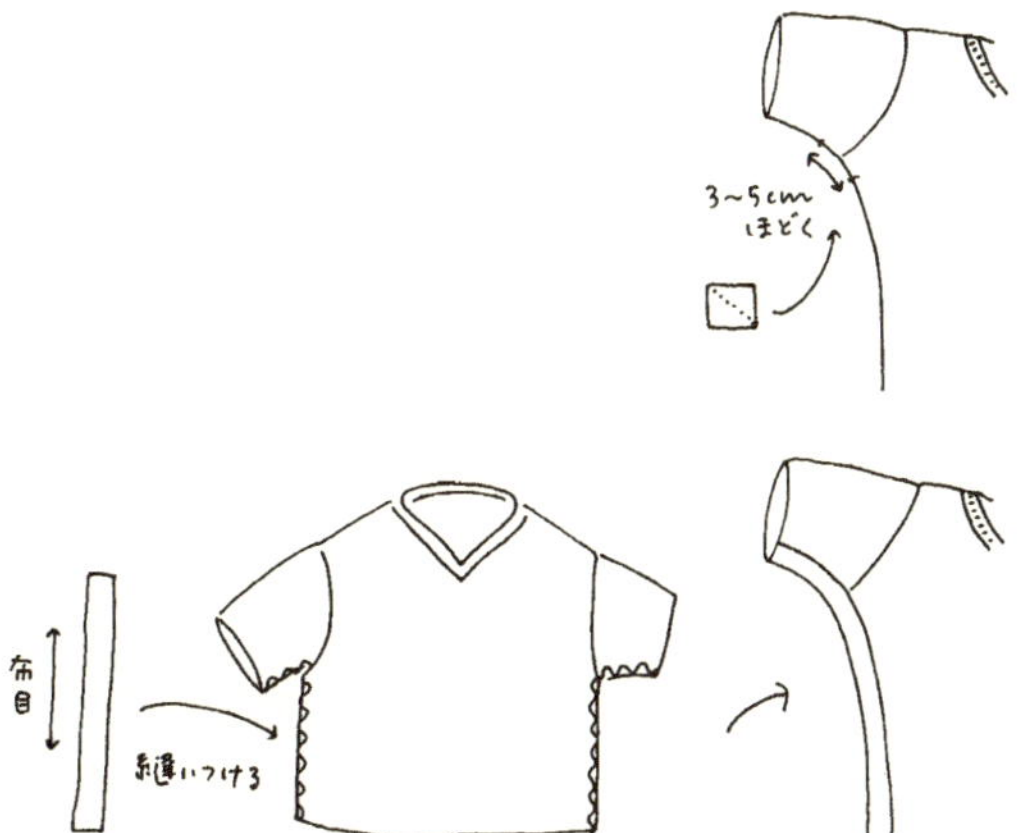

急がば回れ、使うときに便利

●ボタン活用法

ボタンを服からはずしたら、捨てないでとっておくと意外に重宝します。面倒ですが、同じボタンを糸などでつないでおくと、後で使いやすいのです。

①服は気に入ってもボタンがどうも、というとき、ストックボタンから選んでつけ替えます。②黒いスーツの派手な金ボタンを、黒いボタンにつけ替えれば、喪服として使えます。（東京都葛飾区・芳野あおさんより）

同じボタンを
糸でまとめると
べんり！

子供用にも応用できます

●パンツのゴムがのびたら

女性もののパンツは、ゴム通しがないものが多いようです。レース状のゴムがのびてしまったら、ぜひこの方法で。

ウエストの部分に平ゴムを当て、それをはさみ止めるように、千鳥がけをしていきます。一周したら、ウエストの寸法に合わせてゴムを切り、端どうしを縫い止めます。ももの部分は、毛糸針に細い丸ゴムを通して、レースにそってチクチクと粗めにぐし縫いします。

ミシンがあるなら、ゴムをのばしながらジグザグ縫いで、縫いつけていきましょう。

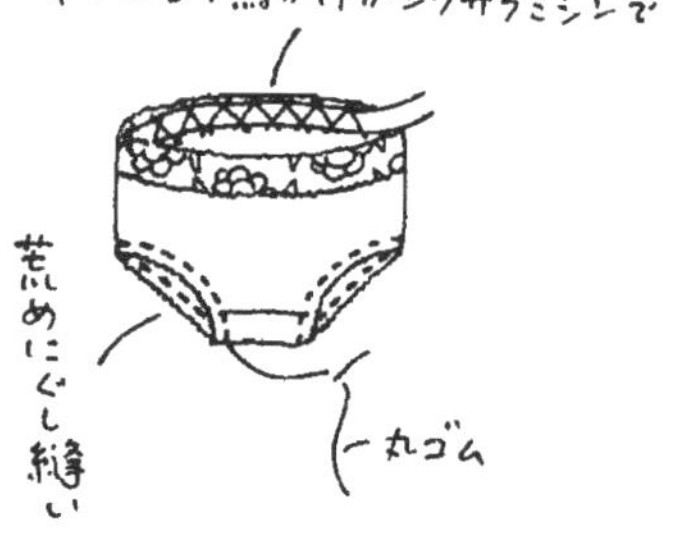
平ゴムを千鳥がけかジグザグミシンで

街角のリフォームショップから

東京都・芳野あおさん

親の代、祖父母の代に比べると、すっかり衣装持ちになってしまった今日の私たち。使い捨てにしたくはなくても、体型に合わなくなったから、流行遅れになったからと、つい、タンスの中で眠らせてしまいがちだ。もしも、ちょっとした直しを自分でできるなら、着続けることのできる衣類も多いはず。そこで、リフォームショップで働いたこともある洋裁のプロに、簡単なメンテナンス術を聞いてみた。

◎大量生産品でも、直しはすべて手作業

三月のある日、街角のリフォームショップに困りきった表情の若い女性が駆けこんできた。紙袋の中からそろそろと取り出したのは、一枚のパステルカラーのスカートである。

専門学校の卒業式に着て行きたくて、洋服ダンスからスカートを取り出したら、丈が長すぎる。そこで少し詰めようとして、切りすぎてしまったのだ。寸法も計らずにざっくりとハサミを入れてしまったようで、裾の線が段々になっていて、どうにもならない。聞くと、卒業式はこの日の午後だという。

アーケード街の一角に店を構えるリフォーム

ショップには、さまざまな注文が舞いこむ。背広のボタンがとれたからつけてほしい、コートの肩パットをとりたい、新しい服を買ったけど寸法が合わない、ズボンのファスナーが壊れてしまった、コートの裾を今風に詰めたい、などなど。

「作業ズボンの裾を上げてほしいと、もってくる人がある。背広ならともかく、ストンとした型の作業ズボンの裾上げは難しくないのに」

と語るのは、半年ほど前までこのリフォームショップで働いていた、芳野あおさんである。いまは腕に覚えのある洋裁の技術を生かして、自宅で服の仕立てや直しの仕事を受けている。

芳野さんによると、リフォームショップでは、ズボンやスカートの裾上げをやってほしいという注文がいちばん多かったとか。ウエストを直したいという注文も多いが、やせたからウエストを詰めてほしいという人より、ウエストを出したい人が多数なのは、不況とはいえ、豊かな時代の象徴か。

「『太ったけど、なんとかこの服を着たい』『形見にもらったものだから、ぜひ』と頼まれると、割に合わなくてもがんばろうと思う。でも、ユニクロの一九八〇円のワイシャツを、袖が長すぎるから短くしたいと持ってくるお客さんには、正直、困りました」

ワイシャツは高価なものも安価なものも、どのブランドであれ、袖丈を詰める工程は同じだ。まず袖口のカフス部分をそっくり取りはずし、全体のバランスを見ながら注文の寸法に切り、再びカフス部分を取り付ける。

ユニクロの製品が安いのは、コストを下げるために、一サイズを徹底した分業によって、大量生産された衣服だからである。しかし、それを直すとなると、すべてが手作業となり、袖丈の直しだけで買値の一九八〇円と同じくらいの費用がかかるのだが、お客さんに説明してもなかなかわかってもらえない。

◎人間の体型に合わせて作られるから

こんにち、私たちの大多数が日常着ている衣服——既製服は、平均的体型をもとに、万人向けに縫製された「洋服」である。既製服のサイズがいつも、あるいはいつまでも個々人の体型にフィットするとは限らないのは、当然といえば当然だろう。

「洋服」はその基本として、人間の体型に合わせて布を裁断し、縫製するという発想で作られている。これにたいして、昔ながらの「和服」は、直線裁ち、直線縫いを基本とした衣服である。それゆえ、大人ものを子ども向けに仕立て直したり、着物を布団がわに作りかえたりと融通がきく。

体型に合わせて作られる「洋服」だからこそ、リフォームのプロの出番といいたいが。

「いまは安い既製服がいくらでも手に入る時代です。サイズが合わないから、ほころびたからといって、簡単に捨てないで、と言いたい。けれど、古いものを大事に着ようとする人は少なくなったし、また、仕立てのよい、上質の服も少なくなりました」

たとえば、おじいさんの古いコートを修理しながら、次の代までも着ることができたのは、上等の生地を使い、洋裁のプロによってしっかりと仕立られていたからだ。

「先だって、母の遺した長じゅばんを、パジャマにでも作り直そうと思いたち、ほどきはじめたら、裏側の見えない部分は継ぎはぎだらけだった。母の手仕事から、布を大切に扱っていた母の姿が見えてきたようで、しみじみとしました」

履き古した足袋も捨てないで雑巾にするなど、古着すべてを大事に使っていた母親だったと語る。

商品の包装容器がそうであるように、人間のからだを包む衣服も、使い捨てが当たり前のようになってしまった、こんにちの私たちの社会。手軽に買い求められる衣類は、万人向けに作られた大量生産品だということを、着る側としても前提にすべきだろう。したがって、個々人の体型にフィットして、着やすいかどうかは二の次になる。

とはいっても、私たちはすっかり衣装持ちになってしまい、使い捨てにしたくはなくても、服のサイズが合わなくなったりすると、つい、タンスの中で眠らせてしまいがちだ。衣服が体型に合わなくなったとき、直すとしたら、自分でできる直しか、リフォームのプロに相談したほうがいいのか。その見分けがつくと衣服をもっと大切にできそうだが、ポイントはどこだろう。

芳野さんは「ほんとうは、学校の家庭科で教

図1

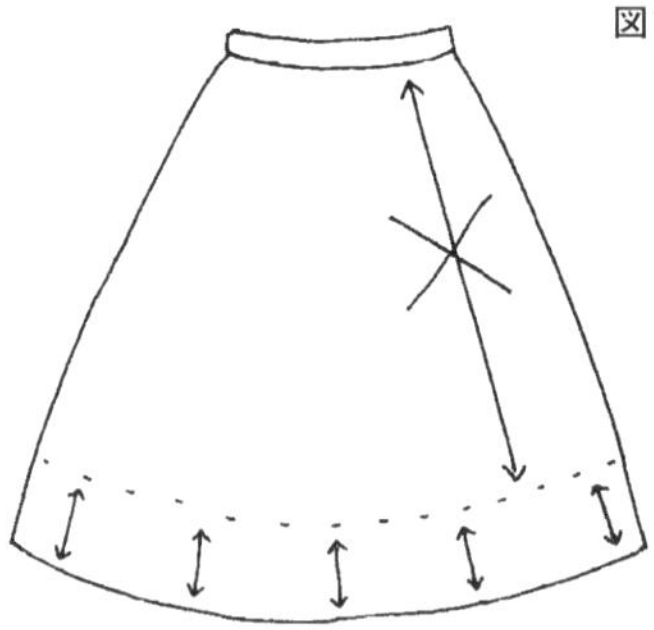

えるといいと思う」と前置きして、
「実際に着てみて、どこが不都合か自分ではっきりわかる場合は、簡単に直せます。でも、へんなシワが寄るとか、ヒップが出っ張るとか、なんとなくおかしい。でも、どうしてなのかわからないときは、洋裁の技術をもった人に相談したほうがいいでしょう」

◎四つの簡単メンテナンス術

素人には手におえないとき、冒険するのはやめるとして、では、自分でできる直しのコツとは――。

まず裾の直しは、ウエストから裾の寸法を計って切ったのでは、失敗のもとだ。もとの裾の線を基本にして、目印をつけ、折り代を付けてハサミを入れる。（図1）裏付きのズボンやスカートも同様の方法で直す。ただし、裾に折り返しのある紳士物や、スリットのあるスカートはちょっと難しいので、専門家にまかせたほうがいいかもしれない。

ファスナーの付け替えは、ミシンでやろうとすると面倒だし、なかなかきれいに仕上らない。むしろ、星どめ（図2）でチクチク手縫いしたほうがきれいにつけられる。

ボタンは、ボタンに糸を通して固定してから縫い付ける（図3）。少しのほころびなら、はしごまつりで補修（図4）。裾上げはわざわざ縫うのでなく、既製の裾上げテープを使ってもいい。

「自分で着る服は、見た目がみっともなければ、それでよいのではないでしょうか」

と、芳野さん。なるほど、そうだなあ。

図2

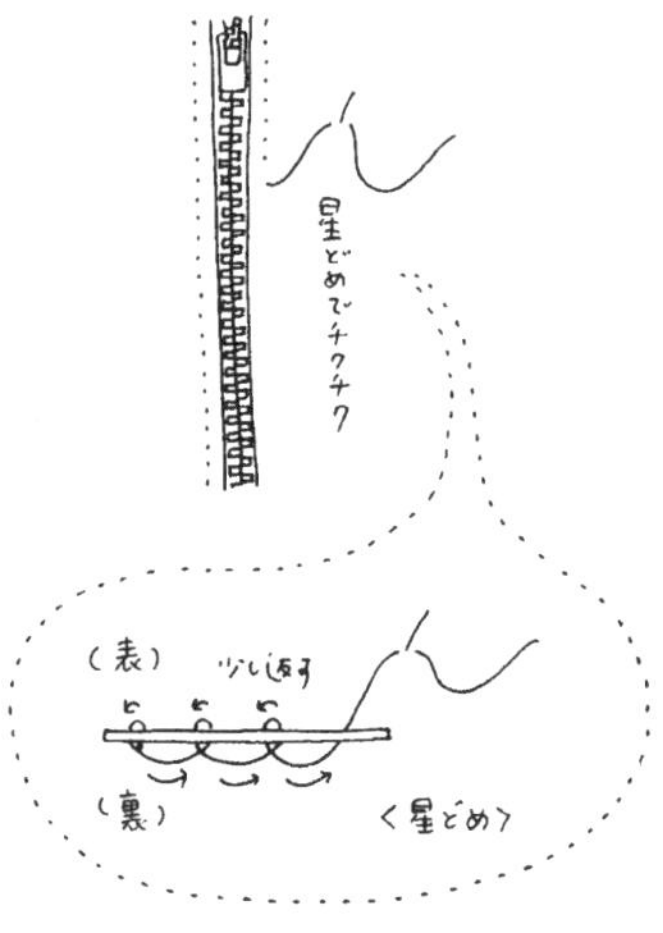

ボタンが一個とれたから、ちょっとほころびたからというだけで、タンスの奥にしまいこんでしまう法はないのだ。

ところで、冒頭でふれた卒業式当日に、スカートの直しを頼みこんだ女性はというと、

「長さを切りそろえたら、裾の折り代が一センしかとれなかったので、三つ折りにする余裕がなく、端をロックミシンで始末して飾りステッチのように仕上げてあげました。ほつれにくい生地だったからよかった」

卒業式にはなんとか、無事に間に合ったということだ

図3

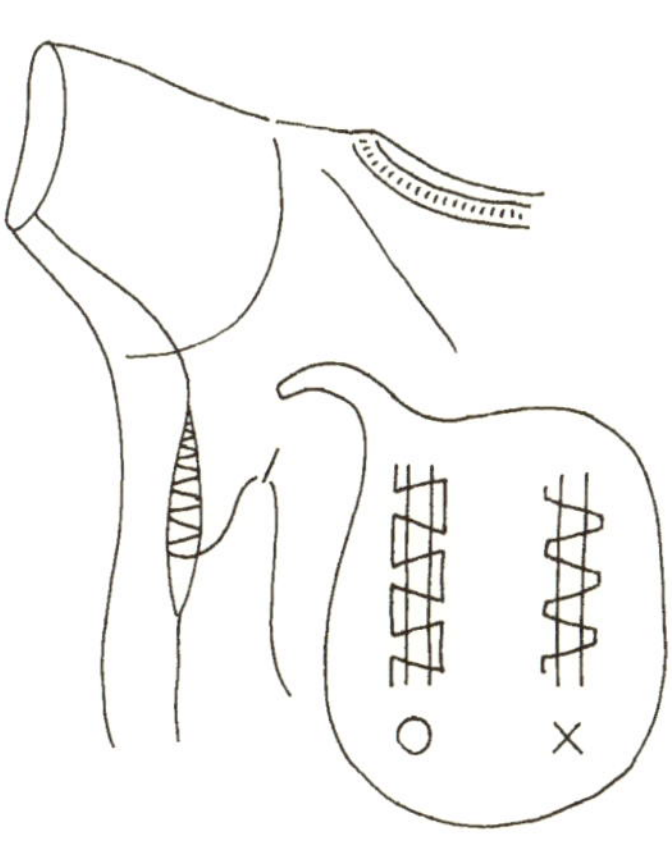
図4

●実例集一覧表

トレーナー	カーディガン／足ふきマット／まんじゅうクッション／身ごろを四角く切って／便座カバー／ベストに変身／袖から作る子供用ズボントレーニングパンツ／袖口を靴下で補修／子供のギャザースカート／子供のベストとエプロン／子供の食事用エプロン／学校用座布団
Tシャツ	ランニングのストック袋／Tシャツをランニングに／クッションの中身に／Tシャツからフイット肌着／衿ぐりが傷んだら／便利な巾着袋／大人用から子供の上下
子供の衣類	吊りズボンの手さげ／小さい子用に作り直す／ロンパースを上着に／きゅうくつになったおむつカバーは／スカートでバッグ／七五三の着物から／手作りクリスマス・ツリー／ズボンの膝が破けたら／みんなつなぎ合わせてマットに
ジーンズ	ジーパンの刺子風／スカートからウォールポケット／ロングスカートから／２本のジーパンから／ジーパンからエプロン／ポケットでポシェット
大人のスカート・ズボンなど	ヒップがきついスカートは／バミューダパンツ風に／膝が薄くなったズボンは／ワンピースからエプロン／鍋つかみ／大人のブラウスからジャンパースカート／クッションカバー／レインコートの作業用上着
ワイシャツ	袖で傘のケースをカラーからペンケース料理人風割烹着／赤ちゃんの上下／お絵かきスモック／ビッグシャツに変身／後ろ身ごろでギャザースカート／衿を取るだけ／カフェカーテン／エプロンに／後ろ身ごろでお弁当包み／枕カバーと腕カバー／園芸用うわっぱり／スポーツ大会のゼッケン／ハンガーカバー
毛糸のセーター	ニットの上着を女の子のコートに／ニット製品を切るときは／袖口がのびてしまったら／座布団カバー／わざと縮ませて／子供用あったかベスト／袖から室内ばき／タートルネック活用法／バッグやポシェットに／ジャンパースカートとズボン
靴下・パンスト	靴下でパッチワーク／靴下の足首を袖口に／離乳食用腕カバー／掃除に古靴下を／靴下のポシェット／靴下再生法／靴下の穴にワンポイント／パンストのはたき／乾燥剤入りシューズキーパー／パンストを輪切りにして編む／雪遊びの長靴と手袋
タオル	お風呂マット／バスタオルの前掛け／台所用マット／バスローブ／鍋つかみ・鍋敷きの中綿に／よだれかけ／子供用の甚平／ペット用の布団／赤ちゃんのムウムウ
シーツ・布団カバー・毛布	アイロン台カバーに／枕カバー／シーツ再生法／アイデアおくるみ／布団カバーから夏布団／ベビー毛布をパッチワークの中綿に／古毛布の座布団／広々アイロン台
カーテン	古カーテンで布団袋／ガーデンテーブルクロスに／コタツ掛けに
風呂敷・化繊の布・傘	スカーフでブラウスを／風呂敷で洋服カバー／手作りはたき／風呂敷のペチコート／化繊の風呂敷を枕の中身に／羽織りの裏地を利用／傘布の携帯用手さげ袋／傘布からエプロン／傘布の三角形でポーチ
ハギレ・小ぎれ	小ぎれを掃き掃除用に／裂き布で鍋敷き／小ぎれでいろいろ／ハギレでひもを／洗濯バサミ袋／余り布でバイアステープ／折り紙バッグ／裂き布でぞうり／ダンボールで裂織
こんな工夫も	キッチン用ストック／リボンでアップリケ／タイツのズボン下／指輪の保存には手袋を／手袋は当て布で補強／布おむつの当て布／虫くいの始末／ループがお気に入り／袖つけがきついなら／ボタン活用法／パンツのゴムがのびたら
リフォームショップ	裾の直し／ファスナーの付け替え／ボタンのつけ直し／ほころび

とことん働く布たち

生まれてから死ぬまでの長い付き合い

地球上の生き物のうち、布と寄り添う暮らしをおくるのは人間だけ。生まれたばかりの赤ちゃんをくるむ産着からはじまり、人がその生を終えるまで、喜びにつけ悲しみにつけ、布は私たちの暮らしに欠かせません。いつも私たちの衣食住のすぐそばにある布だから、もっといいおつきあいがしたい。そういう思いから、何人かの方々につっこんだ話を聞きました。

縫い物は家事のあいまのお楽しみ

新潟県・高坂玲子さん

本書を作るにあたって、何人かの方に布のリフォームやリサイクルについてのアンケートをお願いした。多くの方から貴重なアイディアが寄せられ、なかには新潟県・新発田市の高坂玲子さんのように、写真を添えて回答してくださった方もある。その写真の一枚に、古着を縫い合わせて作ったという、とてもすてきなコタツ掛けがあった。その作者にどうしても会いたくなって、高坂さんに連絡をとった。

◎この服を着古したら、どうリフォームしようか

新潟駅で新幹線から在来線に乗り換えて、車窓に映る青々とした水田をながめながら約四十分。ＪＲ新発田駅に到着した。

新発田市内の静かな住宅街にある高坂玲子さん宅。玄関を入ると手作りの敷き物に野の花が飾られ、一家の主婦の心意気がすみずみまで行き届いていることが伝わってくる。

廊下の壁には、「救急ポケット」が掛かっていた。生成りの帆布に残り物のキルティングでポケットをつけたもので、キズ薬、バンドエイド、体温計などが入っている。

「取り出しやすくて、しかも小さい子どもの手には届かないところに、ハサミを置きたくて作っ

生成りの丈夫な帆布にキルティング地でポケットをつけて、救急用品入れ。出し入れしやすく、場所をとらない。

たんです」
と高坂さん。今では高校生と小学生に成長した、三人の子どものお母さんである。子どもの長ズボンが傷んだら、短く切って半ズボンに、冬用のベストには、裏にお父さんのお古のカーディガンを当てて温かく、玲子さんの半袖ワンピースから、女の子用のワンピースとスカートができたこともある。この服は次には、どうリフォームしようか。あれやこれや考えはじめると、子どもの衣類を手作りするのが楽しくなる。

「自分の服を買うときでも、着古した後にはこんなものが作れるとイメージがわいてきて、布そのものに惚れて買ってしまうことが多いんです」

夫のワイシャツは化繊混紡ではなく、木綿製の無地かチェックを買うことにしている。多少値が張るし、アイロン掛けは一手間だが、木綿なら、エプロンや袋物などに再利用しやすいからだ。

家庭をもって以来、高坂さんは自分で縫ったものはほとんど全部、写真に撮ってアルバムに整理している。いまでは十六年間の手作り作品アルバムが十五冊目となった。小社でお願いしたアンケートに添えられていたコタツ掛けの写真も、この中の一枚だったのだ。写真に残しておけば、実物は人にあげたり傷んでしまっても、いつまでも

手作り作品アルバム。リフォーム子ども服、小物類、エプロンなどなど、完成したら必ず写真を撮ることにしている。

高坂玲子さん。「家庭の主婦はやりがいのある仕事だと思う」と語る。

記録に残る。なるほど、とは思うものの、言うは易し行うは難し。気が向いたときしか整理整頓しない私には、とても実行できそうにない。

家事全般にたいする、高坂さんのきちんとした姿勢は、「全国友の会」の活動に生かされている。今年（〇一年）六月、新発田市で開かれた「生活展」では、新発田のリーダーとして企画運営にあたった。

「さりげないものでも手作りすると、友の会メンバーはほめてくれるからうれしい」

友の会活動は、高坂さんの生活に大きなウエイトをしめているようだ。

◎古布をチクチク刺していると、気持ちがくつろぎます

小学校の先生だった母親は、毎日忙しくても、雑巾だけは勤務のあいまにチクチク手縫いして、学校に持たせてくれたという。

「そのころ雑巾というと、古い布で作ることが当たり前でしたが、今は、真新しいものを百円ショップでも売っています。子どもからも、新しいタオルで作ったものでないと恥ずかしいと言われて困ります」

故郷の新潟県長岡市を離れて、新潟市で過ごした学生時代、何のやる気も起きないとき、考え事が行き詰まったとき、気がつくと、母親の姿を思い出しながら、針をもって雑巾を縫っていた。そうすると、ほっと気持ちがくつろぐ。買った雑巾では、ぜったいに味わうことのできないひとときである。

結婚後は、夫の帰りを待ちながらエプロンを縫ったり、その余り布でティシュケースを作ったり。子どもが小さいころ、かっぽう着作りに夢中になったことがある。毎夜、子どもを寝かせてからミシンを踏み、一ヶ月間になんと十三枚も縫って、友人にプレゼントした。

「友人たちは私が古布を大事にすることを知っているので、そのかっぽう着が古くなったら、送

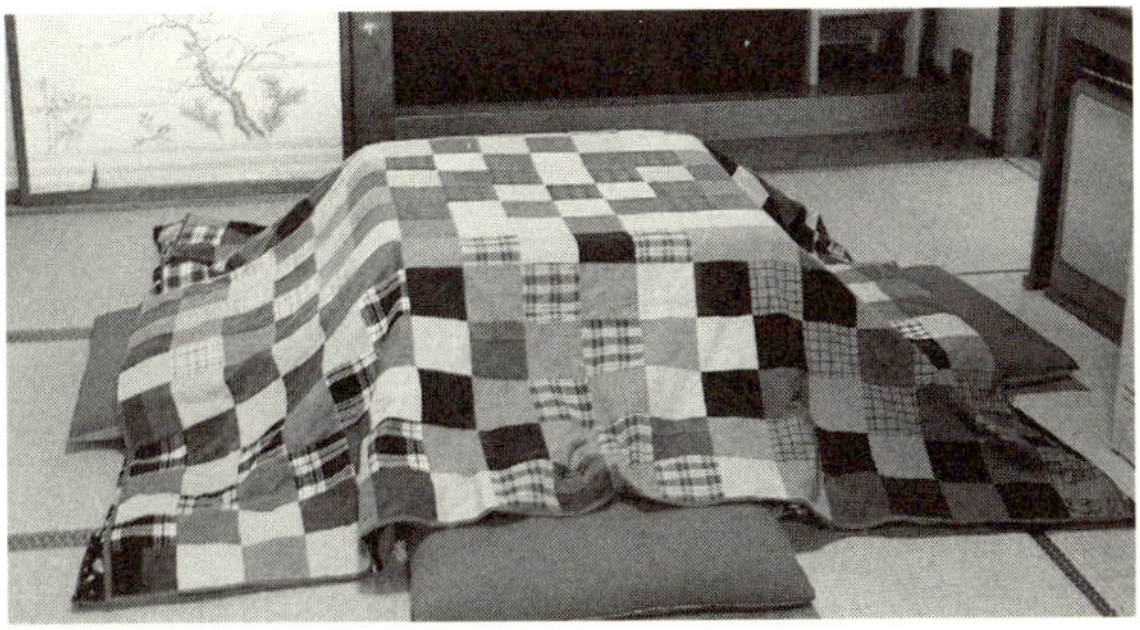

えいっと気合を入れて作ったコタツ掛け。シンプルな正方形のパッチワークだが、仕上げには全体をキルティングした。

り返してくれるんです」

すると、次にはコースターやランチョンマットに生まれ変わって、再び友人たちのあいだを巡ることになる。

高坂さんからの写真にあったコタツ掛けは、着古したシャツやスカート、子どものズボンなどを十センチ四方に切りためておき、合計三百二十四枚をつなぎ合わせて作ったものだという。

シックな色調のチェックと無地のとりあわせ、縁どりに配した赤い色がなかなか粋なこのコタツ掛け。写真アルバムのメモ書きによると、費用は裏布代として、わずか二千六百円余也。時間をみつけては針をもち、チクチク縫うこと四ヶ月間、「我ながら、結構がんばったな」と、感心してしまう大作である。

◎好きな布は、たとえ小ぎれでも捨てられない

「今の若い人は、台所仕事をするときもエプロンをつけない人が多いですよね。服を美しく保ちたい、汚したくないという気持ちがなくなってきているのでしょうか」

それとも、衣服は安く買えるから、衣服そのものを使い捨てる時代になったのか。

台所の横にしつえられた、三畳ほどの主婦室で、そんな話をしながらも、高坂さんは針をもちながらチクチク。古布のパッチワークで作った財布に、ひも飾りを縫いつけている。

高坂さんの仕事場であり、書斎でもある主婦

小さなはぎれでも、思い出のある布は捨てられない。

室は、家じゅうでもっとも落ち着ける場だ。ミシンにアイロン、針道具、手紙や家計簿類など、こまごまとしたものが整然と片付けられている。あるべきモノをあるべき場所に片付けるということは、アタマの中の引出しを片付けることにもつながるに違いない。モノを片付け、物事を順序だてて考えるうちに、家事や縫い物のアイデアも沸いてくるのだろう。またまた、脱帽である。

主婦室の棚に、小ぎれがぎっしり入った箱があった。三センチにも満たないはぎれでも、好きな布だから捨てられない。

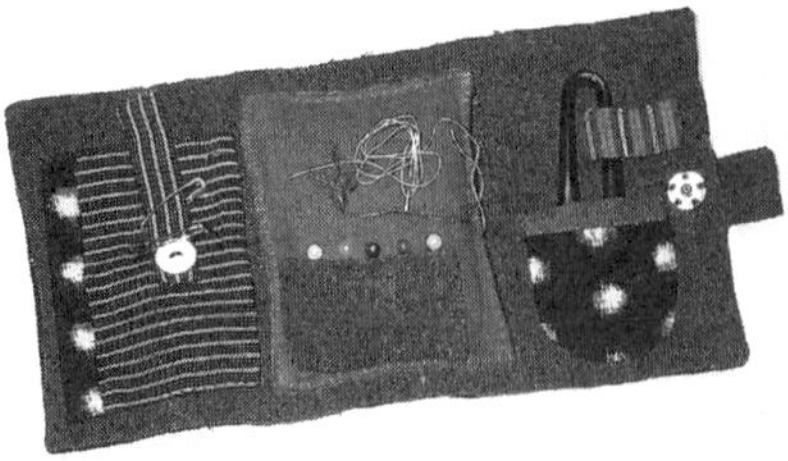

携帯用裁縫セット。「私にも作って」と、友人たちから希望殺到。

大小二種類の携帯用裁縫セットは、箱いっぱいにたまってしまった小ぎれをはぎ合わせて作ったものだ。ハサミは取り出しやすく、かつ刃先が危なくないよう収納できるよう工夫。ボタンやスナップを入れる小さなポケットもついている。そのポケットと糸入れは、わずか一センチほどの小ぎれをつないで作られていた。三人の子どもが成長した今では、古ぎれをパッチワーク風に生かしながら、小物を作るのが楽しくなったと語る高坂さん。家事や「友の会」活動のあいまに時間をみつけては、せっせと針を動かしている。

（取材／文　八田尚子）

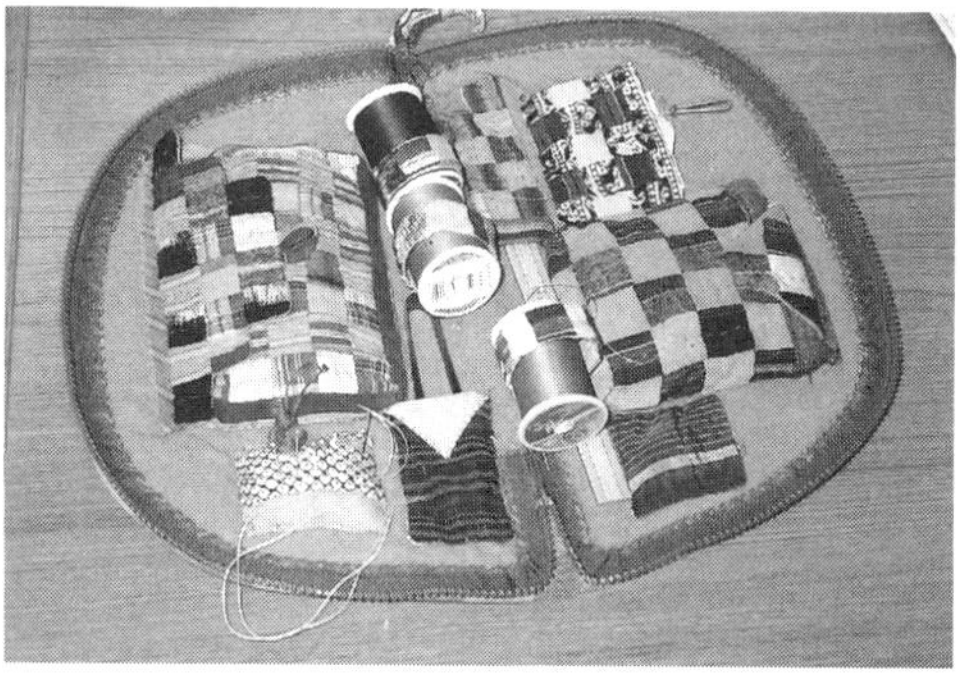

大判の携帯用裁縫セット。「友の会」活動で出かけるときの必携品。これさえあれば、いつでもどこでも、ちょこちょこっと針仕事ができる。

布ナプキンに出会ってガーナに行った

さらなるいのちの循環を求めて

東京都・井海緑さん

東京都日野市に住む井海緑さんは、三年前、「月経用品を考える—月と私と布ナプキン」と題した大学卒業論文を書きました。若い感性が既成の概念を超えて、自身の心と体の声に耳を澄ませて書いたこの論文が、北海道で環境問題に取り組んでいる女性達の心を打ち、会報で紹介されたことがきっかけとなって私達は井海さんを知りました。その後、農業をしにガーナに行かれたということを聞き、そこでの体験も含めてお話を伺いました。

◎布ナプキンとの出会い

今、月経用品と言ったら、多くの人は市販の使い捨てナプキンとタンポンしか思いつかないかもしれません。でも、これらの歴史はわずか40年程で、それまでは草や海綿に始まり、紙や布など、その時代時代で身近にあったものが用いられてきました。さて、この一気に定着した使い捨てナプキンとタンポンですが、実は様々な問題を孕んでいます。まずごみになることはもちろんですが、化学製品であるために、その生産段階でも焼却段階でも有害物質を環境にばらまいてしまいます。さらに、それらが直接膣から取り込まれてしまう恐れもあります。また、本来喜ばしいものであるはずの月経を、煩わしいものというイメージにしてしまっているような気もします。「汚物」を

「処理」するためだけでしかないような。

　これに対し、私が大学生の時に出会った布ナプキンは、紙おむつに対する布おむつと同じで、洗って何度も使うことができます。体への安全性や環境への配慮がなされているのはもちろん、洗い水を植物に与えれば経血は大地に還り、月経は私と地球を結ぶ大切なもののように思えてきます。今は製品としても売られるようになりましたが、「これが布ナプキン」というものがある訳ではありません。自分で作ってもいいし、私は最近は履き古しの靴下を愛用しています。要は、選択肢は他にもあるんだよ、ということです。そして、生活は変えられるんだよということ。そう、それが私にとっては一番大きなことでした。

　私は、生命の根本は循環だと思っています。それは思うというよりも、私の中にもともと備わっている感覚なのかもしれません。果てしない循環の中にある今の私の体だから。ただ、現実の社会では、あまりに循環が途絶えていて、例えばもっとも基本的な生の営みである食事と排泄の循環—私の中に入っていくものがどこから来て、私から出ていくものがどこへ行くのか—その繋がりが何も見えない。そんな地に足が着いていないような生活を何とかしたくて、でも、私一人の力では変えられないことはとても多く、無力感に陥るだけ。そんな時に布ナプキンは、「生活は変えられる」ということを、言葉ではなく深いところで感じさせてくれた。それが最大の収穫でした。

◎ガーナに行って見えてきたこと

　大学卒業後、もっと循環を取り戻したくて、有機農業に携わろうと思い、そして風に誘われてガーナへ。二年間、初めはNGOの、後半は親しくなった有機農場で働きながら暮らしました。

　滞在していたのは、基本的に電気や水道水のない村でしたが、一番長く過ごした村は、無機的なもののほとんど見当たらない、山に囲まれた静かな美しい村でした。町からのバスを降りて30分、バスは走っていないけど一応車の走行のできる道を歩き、そしてさらに30分、人ひとりがやっと通れるくらいの道を歩くと次第に山が近づき、晴れた日には山並が光を受けて、何とも言えない色合いに染まって。ガーナなのに、日本昔話の景色と

中央が井海緑さん。村の人々と食事の支度をしている。

重なり、帰ってきたという安堵感で一杯になりました。

村の生活は素晴らしかったです。山の麓まで水を汲みに行き、畑で働き、薪を運び、それで煮炊きをし、月の映るバケツ一杯の水を浴び、土の家で蚊帳に入って眠る。余計なもののない、満ち足りた生活。とてもささやかで贅沢な夢が叶えられたと感じました。食べ物は自給自足に近く、畑からはもちろん、森からも、パパイヤ、マンゴー、バナナなどの果実をはじめ、様々な草や実、キノコ、カニ、カタツムリなどが手に入り、時には村人が、罠に掛かった動物を届けてくれました。畑で、鳥や虫の声と風の音だけが聞こえるのも好きでしたが、夕暮れ時、畑から帰り、ヤギやニワトリ、それに子どもの声と夕飯のフフ（キャッサバ芋を餅状にしたもので主食になる）を突く音が聞こえてくるのも、そして道すがら、誰とでもお互いを労う挨拶を掛け合うのもとても好きでした。人々の間には当たり前のように助け合いがあって、その連帯を特に感じたのは、私が高熱を出した夜でした。家の周りに村中の人が集まり、バス停まで村で一台の自転車に乗せられて送られ、男衆は全員がその徒歩一時間の道程を伴走してくれて。熱で朦朧としながら、ああ、いいなって。

その後、私は日本に帰ったら、カンパを募り、この村に中古車を一台贈りたいと思いました。車があれば何としてでも道を作ろうとするだろう。車道ができればもう二度と急病人を失うという悲しい出来事も起こらないだろう。村人はどんなに喜ぶだろう。彼らの親切に応えるために私にできるのはきっとこういうことなんだ。そう思いました。そして、想像してみたんです。車が走れば今までのように農作物を徒歩で自ら近くの町の市場に運ぶ必要もなくなる。車で買取り人が来てもっと大きな町へ運んでくれる。それこそが村人が望むことだ。そうして効率良くたくさん売ることができるなら、農地もどんどん増やしていけるだろう。現金収入も入るだろう。それでトラクターを買い、農薬を買い、人を雇い、ますます農地を増やし、ますます収入が増え…生活はがらっと変わるだろう。化学調味料、合成洗剤、今、ラジオやテレビで華々しく宣伝され、町の人々が次々飛びついている商品を、この村の人々も手にするようになるのだろう。そうして山は荒れ、土に還らないごみで村は汚れ、循環は途絶え、金勘定で忙しくなった人々の繋がりは薄れ…そこまで想像が行き着いた時、私は自分の考えたことが恐ろしくなりました。

これは勝手な想像ではありません。実際に今、ガーナのあちこちで起きていることです。そして、私が車を贈ろうと贈るまいと、遅かれ早かれ、この村にもその流れがやって来て、彼らはそれを歓迎するのでしょう。ひと昔前の日本と同じように。そう思うと、悲しくなりました。どうして同じ道を歩まなければならないのだろう。この問いは、ガーナにいる間しばしば感じました。人々が、先進国のようになりたいと言うのを聞く度に、こんなに問題だらけなのになぜ？　同じ失敗を繰り返さないで。あなたたちの孫に、私と同じ思いをさせないで。やりきれない思いで一杯でした。

例えば車や電気や水道のある生活が悪いとは思いません。ただ、先の世代のことも考えた、循環的な社会の中に、それらを取り入れていくことだってできるはずだし、彼らにはそうしてほしい。目先の利益に捕われてやたらと突き進んでもう先のない先進国なんて飛び越えて、新しい形の先進国になってほしい。そう思うのです。でもそれは、実はとても難しいことなのかもしれません。今、実際に力を持つ先進国が、自分たちで作った欠陥だらけのシステムを世界中に強要している中で、力のない国がそれに抗うというのは容易ではない。だからこれは、私の問題なんだと思いました。変えていこうともせずに「私たちには先がない」などとは言っていられない、と。

さて、何ができるのだろう。大きな問題の前で私はとても無力だけれども、そこでやはり布ナプキンが起こした変革を思い出し、できることから始めるしかない。例えば値段で物を選ばないこと。既存の経済システムにはもう飲み込まれたくない。そして、この地で仲間を作っていきたい。小さな循環を作っていきたい。それが、大きな変革に繋がると信じて。帰ってきたと思える場所が世界中から消えてしまう前に。

ナプキン今むかし

太古の時代、女性達が月経の時をどうやって過ごしていたのか、詳しいことは残っていませんが、古くは綿や草の葉のような植物を詰めたり当てたりしていたようです。布が普及した近年は、土地によって、糠を入れたり、燃やしたワラを入れたりと工夫されていたようですが、基本的には、ぼろ布を縫って当てたり詰めたりしていました。

いわゆる月経帯が販売されるようになったのは日本では明治時代末以降だと言われています。大正初期には、もっこふんどしのような月経帯が何種類か販売されました。その後ズロースタイプのものも次々と売り出されました。こうして市販の月経帯の普及率は昭和初期まで都市部を中心にあがっていったのです。

ところが戦争に突入し、脱脂綿やゴムが簡単には手に入りにくくなったことから、再びそれ以前のぼろ布や灰や糠などを入れた手作りの月経帯に戻らざるを得ない状況になりました。さらに戦争末期には、物不足と女性達の労働激化のため、ずれたりしやすい月経帯より、代用綿や再利用した脱脂綿、ぼろ布を膣に詰める方法が増えていきました。もっとも、極度の栄養失調やストレスから、無月経になった女性も多かったのです。

戦争が終わり社会も安定してくると、今度はこのようなタンポン式の方法は不潔で細菌感染の原因になりやすいという「啓蒙」が女性誌などを中心に広まり、再び戦前のズロースタイプの月経帯と脱脂綿を使うナプキン式のものが販売されるようになりました。ただ市販の月経帯が飛び抜けて使い心地がよいわけではないこともあって、手製の月経帯を使う女性も数多くいました。

一九六一年（昭和三六年）、使い捨ての紙ナプキン「アンネナプキン」が日本で初めて発売されました。当時としては決して安いものではなかったようですが、それ以前の製品に比べて圧倒的な吸収力と防水性、便利で手軽なところが瞬く間に日本全国の女性に受け入れられ、驚くほどの勢いで普及していきました。その後の女性の社会進出などに伴って一九八〇年代以降には、ほぼ百%に近い普及率となり、品質改良されてさらに高性能のナプキンが登場してきています。

こうして広まった紙ナプキンですが、最近、環境や健康への関心の高まりとともに、吸収率を高めるために使っている化学物質に体への危険はないのか、増えるごみの処理はどうするのかなど、高性能の使い捨てのナプキンやタンポンに対する疑問の声も上がってきています。これに応える形で出てきたのが布製の洗えるナプキンです。最初は米国やオーストラリアからの輸入品、ついで日本独自の製品が草の根で開発されてきました。現在では、それに関する情報もあちこちで見かけるようになりました。

それは決して多数派ではありませんが、ほぼ百%の使い捨ての月経用品に一石を投じ、新たな布再利用の道を示していることは間違いないのではないでしょうか。

布ナプキンを作ってみよう

1　布を裁ちます。

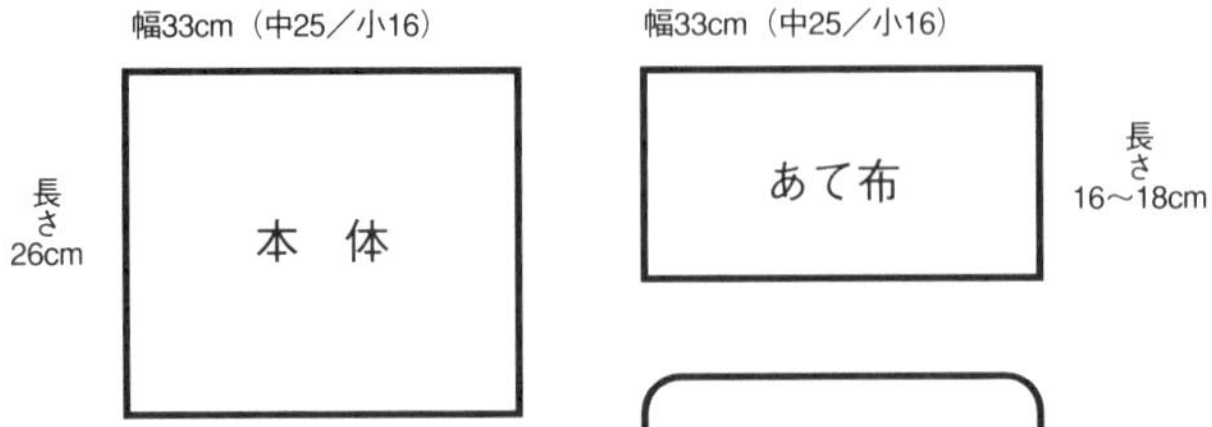

2　本体の角を丸くします。

3　あて布の幅の端にそって、かがり縫いします。
（かがり縫いは手縫いのステッチかがりでもジグザグミシンでもＯＫ）

4　本体の裏地の中央にあて布を合わせて乗せ、マチ針で四隅をとめます。

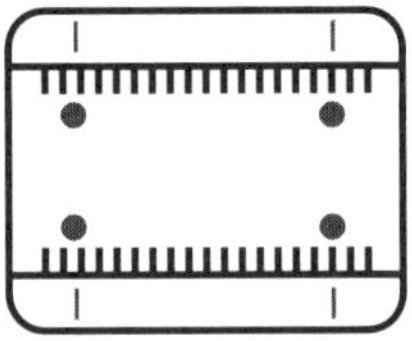

5　あて布の幅の端にそって縫い合わせます。

6　本体とあて布の長さを切りそろえ、最後に周囲をかがります。

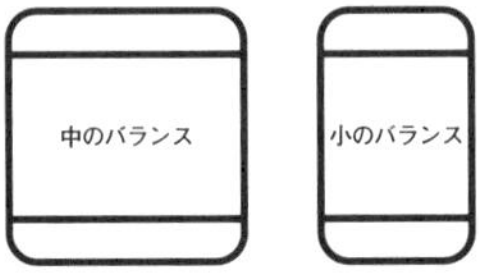

※大きさによって縦横のバランスは違います。

出来上がったナプキンは三つ折にするなどして使います。ずれが心配な場合は、安全ピンなどでとめます。使用後のナプキンは、水につけ置いた後に洗うとよく落ちます。経血の溶け出した水は、植物にあげてもOK。この作り方を紹介してくださった角張光子さんは、無塩素漂白のネル生地で作り、びわやヨモギで染めることを提唱しています。ネル生地の入手をご希望の場合は、郵便番号・住所・氏名・電話番号を明記のうえ、封書かハガキ、またはファクシミリで、下記までお問い合せください。

スペース・ムウ（角張光子）
〒194-0011　東京都町田市成瀬が丘1-1-12　FAX042-796-0677

参考文献『魔法のナプキン』（角張光子著　地湧社）
※この本を増補改訂した『ひろがれひろがれエコ・ナプキン』（同）が2005年８月に発行されています。

布はいちばん安心の素材

保育に遊びに布が大活躍

北海道・あかつき篠路保育園

おもちゃや衣類、寝具、食器などなど、ありとあらゆる子ども向けグッズがあふれている今日。保育園や幼稚園でも当たり前のように、色や形が「きれい」な、既製の子ども用品や遊具が使われている。が、それでいいのだろうか。感受性のやわらかな子ども時代を大切に過ごさせたい。そのためにどうしたらいいかと、さまざまな工夫をこらしている札幌市の保育園を訪ねた。この園では子どもたちの日常に、古布や古着がさりげなく生かされている。

◎既製の遊具を使いたくないから、アイディアで勝負

札幌市の中心街から北へ、十二、三キロ。ゆったりと広がる住宅街の一角に、赤い屋根の建物が見えてきた。社会福祉法人みどり福祉会の運営する、〈あかつき篠路保育園〉である。

玄関を入ると、「きょうのたてわりクラスはどろんこあそびをしました。おうちでもう一度体を洗ってあげてください」と書かれたボード。午前中、たっぷりと外遊びを楽しんだ後、給食を食べた子どもたちはいま、午睡の時間である。

○歳児と一歳児、合わせて二十三人の「赤ちゃん組」の遊び部屋をのぞいてみた。

赤ちゃん組の人形遊びには、軽くて丈夫な牛乳パックが大活躍。おむつの取れない赤ちゃんでも、人形のおむつ替え遊びが大好きだ。

部屋の片隅の人形遊びコーナーには、牛乳パックを横につないで布を張ったベッドに、ハンドタオルにレースをあしらった小さい布団。そのかたわらには、蛇口もガス台も木製のミニサイズ台所セットが作りつけられている。

「ウサギやバンビの絵を飾ったり、キャラクター物、既成の遊具はできるだけ使いたくない。そのためにはアイディアで勝負です」

工夫すればこれで何か作れないだろうかと考えはじめると、余り布も空き箱も捨てられないと語るのは、保育士（※）主任の山川妙子さんである。

室内用すべり台の両脇には、家庭用の布団マットを布でくるんだ、安全のためのマットが置いてある。

子どもは狭い場所にもぐりこむのが大好き。そこで押入れに布団マットを敷いて、目隠しカーテンをかければ、隠れ小部屋のできあがりだ。

外遊び用の帽子は、大きめの手作りウォールポケットに入れる。ズボンやシャツなどの着替えは、フェルトの名札を縫い付けたゴムひもで束ねる。なるほどこうすると、保育者は大勢の子どもたちの持ち物を間違えにくい。キルティング地に縁どりをした、おむつ替え専用のシートも作ってある。

やがて、午睡から目覚めた赤ちゃん組の子どもたちが起き出して遊びはじめた。

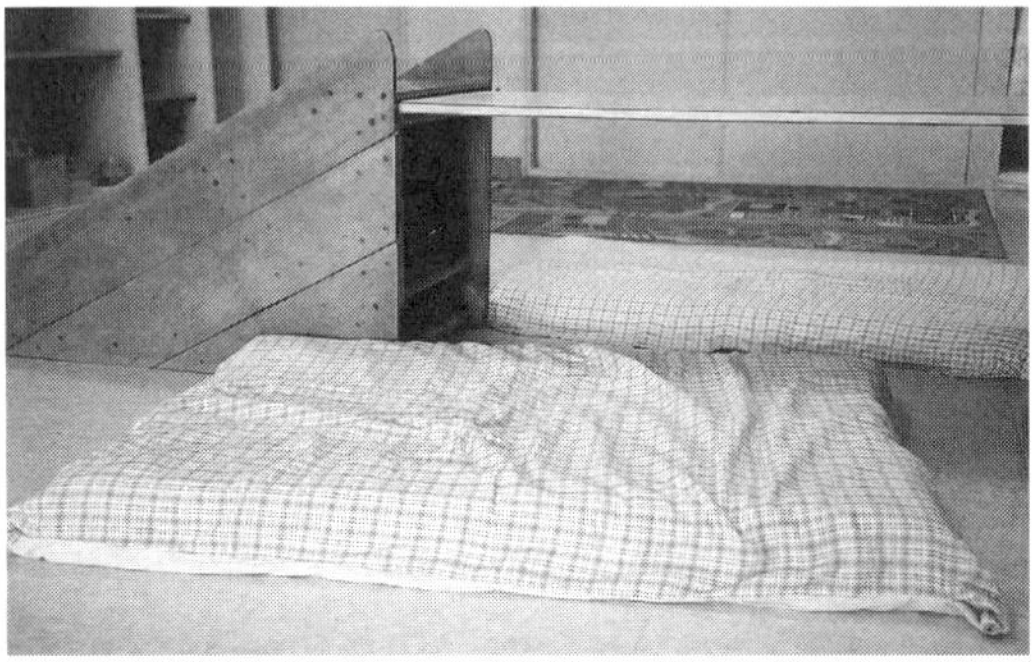

室内用すべり台の両脇には、家庭の布団マットを再利用した安全マット。カバーは取りはずして洗濯できるから、汚れても大丈夫。

紙おむつ全盛のこんにち、あかつき保育園ではレンタルの布おむつを使用している。

「最近では、産院からずっと紙おむつです

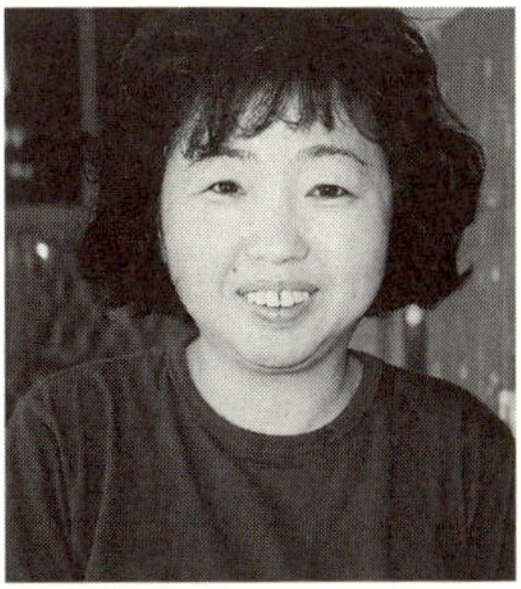

山川妙子さん。子どもたちの成長には「食」も大切。
保育園の給食には、生活クラブ生協の食材を使う。

から、布おむつを使ったことのないお母さんが多いんです。園の布おむつで家に帰って、子どもがウンチをしていても、翌日、そのまま園に持ってきたり。洗い流す方法を知らないんですね」と、苦笑しながら山川さん。おむつカバーも使い捨てでなく、繰り返し使えることに驚いている若い母親もあるという。

◎わが子を育てるように、大勢の子どもたちを育てたい

〈あかつき篠路保育園〉は一九七四年の開園である。

東京の公立保育園で保母として働いていた山川さんは、結婚後、妊娠を機に退職し、故郷の札幌にUターンした。わが子は手元で育てたくて、しばらくは家にいるつもりだった。ところが開園まもなくのあかつき保育園から、職員が足りないからぜひ、と頼まれ、悩んだ末に山川さんは保母として、生まれたばかりの娘は園児として、園に通うことになった。

「自分の子を育てるように、大勢の子どもを育てていけたらいいな。そんな保育園にしたいと思って、今までやってきました」

運営者の社会福祉法人によって、元小学校の校長先生が園長に任命されるが、保育の現場は職員にまかされている。山川さんは経験年数が長いこともあり、「今では園の〝ヌシ〟のような存在になってしまいました」。

ところで、ほとんどの保育園・幼稚園では、子どもたちを年齢別にクラス編成する。これにたいして、あかつき保育園では「たてわりクラス」が基本。「保育園でも家庭と同じように育てたい」という職員の思いが実を結び、今では園を特徴づける保育実践となっている。

「とまと組」「ぴーまん組」「にんじん組」は、三歳〜五歳児の子どもたち合計五十七人を混合した三クラスである。最年長の五歳児だけが参加できる「お泊り会」など、年齢別の行事もあることはあるが、日常の活動はたてわりクラスがメインだ。保育室もたてわりクラスごとに作られている。二歳児「ばんび組」のちびっこたちは、たてわりクラスのとなり部屋で、お兄さんお姉さんの姿に

左側は外遊び用の帽子入れ。右側は保育園と家庭との連絡用。各保育室に備わっているウォールポケットも職員の手作り作品だ。

学びながら成長する。

それぞれの保育室の入り口には、一人一人の子どもの写真を貼って、布で回りを縁どった額が下がっていた。

部屋に入ると、保育園と家との「連絡ノート」などを入れるための、カラフルなウォールポケット。これも職員の手作りだ。ポケットに縫いつけられたネームプレートは、プラスティック製ではなく、フェルトなので手にも目にもやわらかい。

◎この古着、きっと保育園で喜んでもらえるだろうな

「子どもたちは、自分自身の着せ替え遊びも大好きですよ」

と、山川さんは戸棚から、「お着替えセット」の箱を取り出してきた。

レースのカーテンで作った「お姫さまスカート」、光沢のある裏地で作った「パーティドレス」。白い不織布に、フワフワの化繊の羽毛を縫いつけたベストとスカートは、「モーニング娘セット」だ。帽子やスカーフ、大人用のバックと、小物類もよりどり見どり。七五三の着物や、ごく普通の子ども用ワンピースもある。

小雪が舞い、外遊びができない季節になると、職員はお着替えセットを箱から出して、ハンガーにかけておく。登園した子どもたちはさっそく着替えて、お姫さまやテレビの人気者に変身。お気に入りの衣装を一日中着けている子もいる。

ボタンもたくさん集めれば、おはじき遊びに、ひもを通してネックレスやベルトに。ハンカチもおもちゃになる。一枚の四角いハンカチがネズミやチューリップになったり、ときには空飛ぶじゅうたんになったりもする。

これらの品々はバザーの売れ残りや、園児、職員の家庭から寄せられたものだ。「デパートの飾りに使ったものだけど」と、父母の勤務先から回り巡ってくることもある。保育園に持っていけば、喜んで使ってもらえると思うと、父母としても積極的に協力したくなる。

普段でも、卒園児やその親たちは、園にぶらりと顔を見せる。保育園の周囲を自転車でグルリと回って、それだけで安心したように走り去って行く中学生もある。保育園の赤い屋根を遠くからながめれば、子どもの頃の自分がいて、その後の成長を受け止めてくれる先生たちがいることを思い出す。人と人が巡り合う保育園は、地域にしっかりと根をおろしている。

　開園後二十七年たった今では、園児だった子どもが親となって、わが子を預けたり、当時の母親がおばあちゃんとなって、孫の送り迎えに姿を見せる。卒園児が保育士となる夢を抱いて、保育実習にやってくることもある。山川さんはそんな姿に接するたびに、長い時間がゆるやかに編み合わさっていくような、深い感慨を覚えている。

97年度卒園の子どもたちは、全員で卒園記念のカレンダーを作った。手作り絵本、絵、オブジェなどの卒園記念作品が園内の各所に飾ってある。

東京での保母時代、山川さんがかかわっていた障害児保育の経験を生かして、開園当初から障害のある子もない子も区別なく接してきた。

　あかつき保育園を卒園した障害児とその親、園職員によって、「くれよん会」という集まりもできている。会ができて十数年、冬のクリスマス会、夏のジンギスカンパーティなどを通して、さまざまな年齢の障害をもつ卒園児が出会い、地域につながって生きていく足がかりとなっている。保育園を飛び出した、地域とのネットワークができている。

◎大きなバルーンも職員の手作り

　大きい組の午睡室としても使われるホールの壁に、布製の日めくりカレンダーがかかっていた。

　厚手のシーチング地に、小さく切った色とりどりのフェルトで、丘の上に勢ぞろいした十五人の子どもたちの姿が描かれる。日めくりの日付は黒のフェルトを貼って作ったもの。日付の下に、フェルトで書いたつたない文字で「1997ねんど　そつえんせいさく」とあった。子どもたちの

手作りバルーン。「裏地で作ったので、軽いけれど滑りやすくて、ミシンがけは苦労しました」と、製作者の澄川智子さん。

共同作品のひとつだ。

「こんな大作もありますよ」

と、山川さんが物置から「手作りバルーン」を取り出してきた。

ホールで広げると、直径六メートルもの色合いも楽しい巨大な円形となり、何人かで上下に持ち上げると、風をはらんでドーム型にふくらむ。

運動会やゲーム用にと、販売されている既製のバルーンは二十万円もする。とても買えない。もらいものの裏地が大量にあるが、生かせないだろうか。そこで、「はーい、時間があるので私が作ります」と名乗り出たのは、当時、産休中だった職員の澄川智子さんだ。九月の運動会に間に合わせようと、大きいおなかをかかえながら裁断し、ミシンをかけた。

「なにしろモノが大きいので、作っている途中、家の中では広げられないんです。どんなものができているのか、おっかなびっくりでした」

と、澄川さん。緑、黄、薄茶、三色の手作りバルーンはその年の運動会で、みんなの歓声を浴びたことはいうまでもない。

「布は子どもにとって、いちばん安心できる素材ですから」

子どもの喜ぶ顔が見たくて、職員は時間をみつけては手作りしていると、山川さんは語る。

「こんなものを作りたい」と、アイディアを思いついたらすぐにでもとりかかれるよう、〈あかつき篠路保育園〉の職員休憩室には、ミシンもアイロンも置いてあった。

※保育士について　従来の「保母」「保父」資格は、児童福祉法施行令の改定にともない、九九年四月より「保育士」と名称変更された。

●あかつき篠路保育園
札幌市北区篠路1条6丁目2—7
電話011・772・3003

（取材／文　八田尚子）

よみがえる布のいのち

古着・古布のゆくえを追う

下着から普段着、外出着などなどの各種衣類、寝具やカーテン、敷き物…、日本で暮らす私たちが使い捨てる繊維製品は、ひとり１年間に18キロ。そのうち、何らかの方法でリサイクルされるものはわずか１割、大部分の９割は焼却処分されるというのが現下の状況です。なぜ“１割”なのか、“１割”を少しでも引き上げるにはどうすればいいか。そろそろ真剣に考えてみませんか。

古着は百パーセント再生できる貴重な資源

神奈川県・ファイバー・リサイクル・ネットワーク

ファイバー・リサイクル・ネットワーク（ＦＲＮ）は、中古の繊維製品（ファイバー）を仲立ちとして、市民と業者が協力し合うネットワーク。地方自治体で資源としての衣類回収を手がける何年も前から、衣類のリサイクルに取り組み、現在も横浜市を中心に、神奈川県内三百ヵ所で、定期的に回収を行なっている。

ありとあらゆる衣類が手軽に安く手にはいり、また、バザーや廃品回収では、新品同様の衣類でも敬遠されがちなこんにち、もし家の近くにＦＲＮの回収場所があれば出しやすく、結果として、衣類の使い捨てに拍車がかかるのではないだろうか。いっぽうでは、そんな疑問もいだきながら横浜に向かった。

◎横浜で大人気、〈リサイクルきものフェア〉

横浜駅近くの「かながわ県民センター」では、毎年、春と秋の二回、ファイバー・リサイクル・ネットワーク主催の〈リサイクルきものフェア〉が開催される。

うららかな春の日差しが心地よい四月十一日、「春のリサイクルきものフェア」に出かけてみた。開場時間の午前十時に四十分ほど遅れて着いたところ、一階ホールは中高年の女性であふれ、入場するには整理券が必要だという。

四百八十八番の整理券をもらって待つこと二時間、ようやく会場に入ることができた。

いやはや、ものすごい熱気である。自分が着

<リサイクルきものフェア>は、横浜駅近くのかながわ県民センターで、毎年春と秋の2回開催。着物を着たい人、着物で何か作りたい人で、毎回、盛況だ。

るための着物を買いにきた人、パッチワークや小物作りの材料がほしい人。会場狭しと並んでいるのは、晴れ着に普段着、黒喪服、男物の袴、帯、はぎれなどなど。虫食いやシミのある着物が山と積まれた「材料コーナー」には、一枚五百円也の絹物もあり、いつしか私も鵜の目鷹の目になって、お値打ち品をさがしていた。

「保管している着物を何とかさばきたい、という気持ちではじめたのですが、毎回、千人もの方がきてくださり、責任を感じています」

こう語るのは、ファイバー・リサイクル・ネットワーク（略してFRN）事務局の竹内幸代さんである。

家を建て替えたから、老親が亡くなったからと、タンス一棹分の着物を寄付してくれる人、「娘時代の着物です」と、一枚一枚の着物に寄せる思いをメモして送ってくれるお年寄り……。〇二年春で七回を数える〈リサイクルきものフェア〉は、さまざまな理由から着物を手放したい人と、着物が好きな人・着物を手に入れたい人の「橋渡し役」となっている。

◎回収量が増えるほどに、新たな問題も

FRNは不用になった繊維製品（ファイバー）を仲立ちとして、市民と回収業者が協力し合うネットワークとして、一九九二年に設立された。

そのきっかけは、不用品交換会をやっても古着が売れ残ってしまい、困っていた「横浜消費者の会」と、中古衣類の効率のよい回収方法を求めていた、回収業者の㈱ナカノとの出会いだった。コープかながわ、生活クラブ生協、「横浜消費者の会」などの消費者団体が中心になって、地区連絡会を作り、連絡会ごとに古着の回収〝拠点〟を作る。拠点は生協の店舗や町内会館、個人宅の軒先やガレージなどである。

「いまでこそ、衣類を資源ごみとして回収する自治体が増えてきましたが、当時、行政は頼れな

かった。そこで、自分たちの力でシステムを作ろうと活動してきました」

　と竹内さん。現在、拠点は横浜、横須賀、茅ヶ崎、座間などに合計三百十七ヵ所。効率のよい回収のためには、一回の回収量＝五十キロ（大きなゴミ袋十個分）というのが目安なので、回収回数は半年に一回、二ヶ月に一回と、拠点によってさまざまだ。町内の回覧板で回収を呼びかけている地域も多く、設立十年になるＦＲＮは、地域に根を下ろした活動を続けている。

　回収された衣類は、合計十三社で構成される、その名も粋な回収業者の集まり「綿'S倶楽部（メンズクラブ）」に買い取られる。買い取られた中古衣類は①輸出用、②ウエス加工用、③反毛加工用に仕分けされ、それぞれのリサイクルルートに流れていく。（118ページ「回収された古着はどこへ?」参考）

　ところで拠点での一回の回収量は、少ないところで五十キロ、多いところで一トン以上も集まり、年間の回収量は計四百九十トン。ぼうだいな量である。家の近くに回収拠点があれば、まだ充分利用できる衣類でも気軽に出せて、結果として、衣類を使い捨てやすくなるのではないだろうか。

「ＦＲＮとしては今まで、回収した衣類を、綿'S倶楽部に引き渡して終わりだった。けれど、回収したものがすべてリサイクルできる状況ではなくなったのです」

　と、竹内さんはいう。十年前には一キロ＝十円で買い取られていたが、中古衣類市場の需要と供給のバランスがくずれ、徐々に値下がりして一キロ＝五円になってしまった。また、衣類のほとんどは、再利用を前提にして商品開発が行なわれているわけではないので、衣類の種類やデザインによって、リサイクルできないものも増えてきた。回収の収益金はＦＲＮの活動費に当てているのだが、その活動の目的は収益をあげることではない。とはいえ、衣類が集まれば集まるほど問題をかかえることになった。

◎古着を百パーセント再資源化したいから

　昨今は衣類を資源として回収する自治体が増えてきている。しかし、リサイクル・コストの上昇により、その多くは焼却されているという。ま

ジーンズの裁断くずを利用した、FRNオリジナルの「エコバッグ」。
お気に入りの布でポケットをつければ、"マイバッグ"に。

た、子供会やＰＴＡなどの廃品回収では、衣類は収益が上がらないために受け入れにくくなっている。

「回収した衣類を百パーセント資源として生かすために、ひとつには、コート、背広、セーターなど冬物衣類の回収は、今のところストップし、〃タンス在庫〃をお願いしています」

百パーセントの再資源化のためには、もうひとつ、選別回収を呼びかけている。たとえば、飾り気のないシンプルなＴシャツだけが集まれば、安いコストでウエス用に裁断することができ、安価な輸入ものに充分対抗できるからだ。

日本経済の動向ともあいまって、中古衣類を回収しても、百パーセントを再資源化できる状況ではなくなった昨今。ＦＲＮとしては、回収拠点の利用者に〃タンス在庫〃や選別回収を勧めながら、チラシなどを頻繁に出して、衣類の使い捨てを考え直すよう呼びかけている。

〈リサイクルきものフェア〉は、このような中古衣類をめぐる状況から生まれたアイディアである。着物は反毛やウエスにするには、あまりに惜しく、ましてや輸出品にはならない。そこで九九年に第一回を開催したところ、思いがけない反響があったことから、定期的イベントになった。また、フェアを開くには値札付け、当日の販売など、大勢の手助けが必要だが、今年春のフェアでは、百人もの着物好きがボランティアとして参加。この催しを通して、人の輪も広がってきた。

きものフェアの収益金は、ＦＲＮの運営費に当てるだけではなく、その二割を「市民基金」として積み立て、タイやラオスの農村女性の自立を援助する市民団体、タイの障害者自立支援団体などに援助している。

さらには一昨年開設した自前の事務所を会場に、古着・古布の再資源化のひとつとして、講習会をたびたび開催。裂き布で作るぞうりの講習会、ちりめんなどの和布で、髪飾りや針刺しなどを作る講習会などは申込者が多く、人気だ。また、ジーンズの裁ち落とし生地で作った、ＦＲＮオリジナルのバックに一工夫を加える「エコバックコンテスト」応募者も募っている。

「大好きな布を資源として、百パーセント生かしたい」を合言葉に、ＦＲＮの事務所には毎日、古着・古布の好きな人の出入りがたえない。

参考『月刊リサイクルデザイン』№82

●ファイバー・リサイクル・ネットワーク事務局
横浜市南区宿町２・４０大和ビル１０１
電話０４５・７１０・６５０７
http://jimfiber.ld.infoseek.co.jp/

※ＦＲＮでは「リサイクルきものフェア」に向けて、各種和服、帯などの寄付を受け付けている。（問い合わせは事務局まで）

（取材／文　八田尚子）

四人家族で年間ごみ袋十四・五個
この大量の古着・古布を生かし切る仕組みづくりをしたい

神奈川県・ナカノ株式会社　秦野工場

安かったので気軽に買った衣類を、「もう飽きたから」「少し汚れたから」と回収に出して、「これもリサイクルしてもらえる。いいことしたなぁ」と満足していないだろうか？　聞けば、どんな衣類でもリサイクルできるわけではないし、そこに思いやりがなければ、循環していくようなリサイクルにはならないのだという。二十一世紀を『本物のリサイクルの世紀』にするために欠かせない、ファイバーリサイクルの最新知識をお届けする。

◎増え続ける排出量

ファイバー・リサイクル・ネットワークを通して集まった古着・古布など繊維製品（以下ファイバー）の多くは、受け皿のひとつとなっている故繊維回収業者　ナカノ株式会社の秦野営業所に運び込まれる。ここには行政が回収したファイバーも運び込まれてきていて、平均して一か月二百トンを処理している。ファイバーリサイクルの現状について、秦野営業所の所長・五十嵐誠さんにうかがった。

「ファイバーの回収量は増え続けています。ここ一年の間に何とか処理量を二割程度増やすことができたので、今年は在庫場所に多少余裕があります」

安い価格で手に入るようになった衣類は、長く大切に着るものではなくなってしまった。一シーズンしか着ないで回収に出される例も増えているという。また、分別回収を実施する自治体が増えて、『リサイクルしやすい』（消費者にとっては『捨てやすい』）状況ができあがった結果、二〇〇〇年頃から回収量が激増した。この時期、新聞やテレビで、在庫があふれんばかりになった故繊維回収業者のヤードの状況がさかんに報道されていたから、目にした方も多いのではないだろうか。

「確かに当時は、どんどん運び込まれてくるファイバーで大変な思いをしていましたが、ファイバーリサイクルにとって必要なことは、リサイクルのための社会的な仕組みを作ることですから、どんなに在庫であふれても、回収をやめてしまおうとは考えませんでした」

回収に出されずに、ごみとして処分されてしまうファイバーは多い。経済産業省による推計（一九九八年）では、衣料品の排出量は年間約百万トン、シーツなどを含めた全繊維製品は約二百二十八万トンが排出されているので、日本人一人

1　近隣の市で行政回収して、秦野営業所に運び込まれたファイバー。荷物を降ろし始めたら小雨がパラつきだしたが、ほとんどがビニール袋に入れてあるので安心。

2　届いた荷物をビニール袋から出して、ここで最初の分別をする。毛布・カーテンなどの大物や和服、皮革製品などをよりわける。

が一年間に排出するファイバーの量（※1）は十八キロ（うち衣料品は七・九キロ）となる。ビニールのごみ袋いっぱいに詰め込むと約五キロ入るので、四人家族の場合、何と年間十四・五袋のファイバーを排出することになる。そのうち回収・資源化される量はわずか九・五〜十％程度というから、ドイツの五十％（※2）、アメリカの三十三％と比較すると非常に低い。

こうしたことから見ても現在の回収量が多過ぎるとは言えないのだが、「テレビを見て、『処理しきれないほど集まって困っているようだから』と回収をやめてしまう団体が現れるなど、対応に追われることになりました」

実際に現場で最も問題になっていたのは量ではなく、回収したファイバーの質だったという。

「回収量が増えるのにともない品質が低下して、どうがんばってもリサイクルできないものの量が増えています」

◎この十年の出口事情

リサイクルできないものや困難なものは、フ

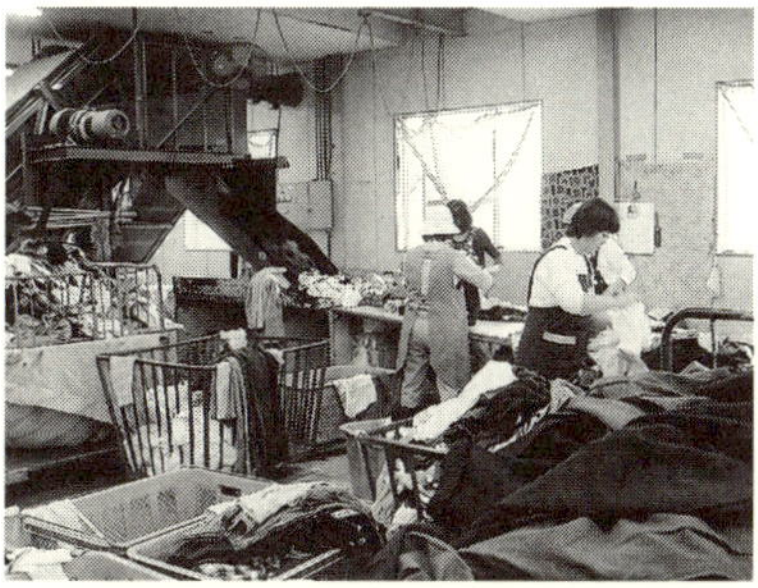

3　ベルトコンベアで2階へ運び上げた婦人物などを、手際よく分別していく。輸出用中古衣料は100種類、それにウエスと反毛を合わせると分類は140種類に及ぶというから、とても機械ではできない熟練が必要な作業であることがわかる。

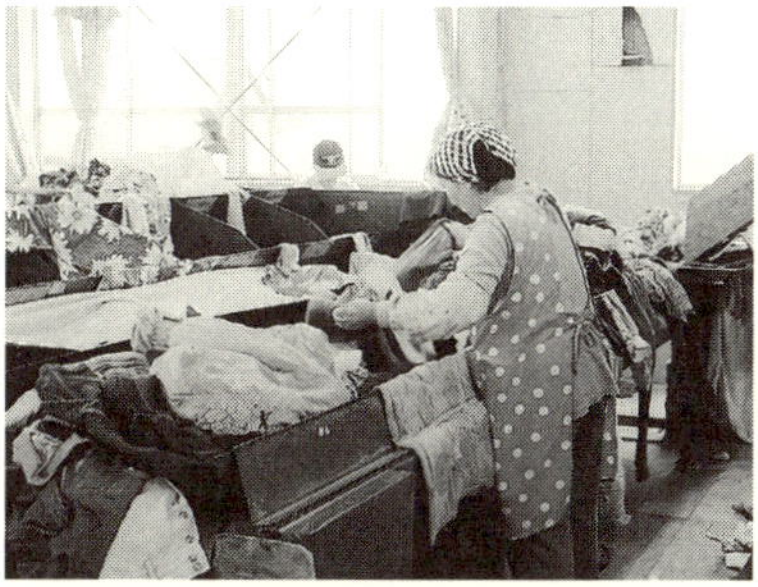

4　輸出用中古衣料の分別。スカート・トレーナー・Tシャツ・子どもミックスというように種類ごとに分類しながら、1階に落ちてたまっていくようになっている口に投げ入れていく。

ァイバーとしては品質が低い。だから、品質の高いファイバーは、『リサイクルしやすいもの』と言い換えることができる。それは何かというと、リサイクルしてできる中古衣料・ウエス・反毛という三つの製品への需要によって変わっていく。(中古衣料・ウエス・反毛については118ページ［回収された古着はどこへ?］参照)

この十年の動向を、ナカノの社長・中野聰恭《としやす》さんにうかがった。

「ファイバーリサイクルは、リサイクルブームで時代の追い風を受けているように見えるかもしれませんが、必ずしもそうではありません。回収量こそ十年間で一・五倍になりましたが、いま表に出ているリサイクルは大量生産・大量販売したものを受け入れる場所を作っただけのこと。それ以前にあるべき、減量《リデュース》や再利用《リユース》という視点が欠けています。

十年前、回収したファイバーの使い道は、中古衣料・ウエス・反毛がそれぞれ三十%ずつでした。残り十%のうち五%は回収や選別の過程で乾燥する目切れ、あとの五%はファイバーを包んであったビニールなど繊維以外のもので、九十%は

5　衣類はかさばるので種類ごとに圧縮して梱包してから輸出する。一包みは約100キロ、側面に印刷したマークで分別を担当した工場が一目でわかるようになっている。

6　種類ごとに分類され整然と整理されたヤード。フォークリフトで作業をしているのは五十嵐工場長。「地球規模でリサイクルできる時代になった今、古着を必要としている人がまだたくさんいますから、できるだけ品質のいいものを橋渡ししていきたいですね」

リサイクルすることが可能でした。

それが最近は、どんなに効率よくリサイクルしても、中古衣料が五十％、ウエス二十％、反毛十％。リサイクルが困難なものが残り二十％、場合によっては、努力しても三十％がリサイクルできないということもあります」

増加している『リサイクルが困難なもの』の多くは、需要が十％に激減してしまった反毛原料用のファイバーだ。セーター・背広・スーツ・コートをはじめとした冬物衣料がこれにあたる。反毛原料としての需要が減りつつあったところに、紳士服の量販店やスーパーによる無計画な下取りセール（※3）が行われ、従来反毛の原料となっていたファイバーの行き場を奪う事態ともなった。下取りセールが下火になった今も反毛原料としての需要は減ったまま。冬物衣料には未だ使途が少ない。

一方、夏物や春物・Tシャツ・半ズボン・夏物の子ども服などは、回収量に比べて需要が多いために、慢性的品不足になっている『リサイクルしやすいもの』だ。輸出先は香港・シンガポール・マレーシアなど、体型が日本人と近い南の国々となっている。

「回収に出す方たちがリサイクルできると考えているものと、実際にリサイクルできるものにはズレがあります。買ったときの価格が高ければ、リサイクルするときにも価値があるというものではありません。下着など元の価格は安いし、自分が使った下着を他の人が身につけることは想像しにくいかもしれませんが、日本から輸出するショーツやブラジャーなどは人気商品です。また、紙が手に入りにくい地域では、ティッシュ代わりに洗って何度も使えるハンカチが求められ、昼と夜の気温の差が大きい地域では、ゴムの伸びた靴下でも左右がそろっていれば、冷え込みをしのぐのに役立ちます」

◎ファイバーリサイクルの今後

厳しい状況が続くファイバーリサイクルだが、明るい見通しはないのだろうか。

「昨年インドが輸入を解禁しました。人口は十億人を超えていて市場としては大きいのですが、関税率が約百％と高く、まだ思うように輸出できる状態ではありません。それでも低価格で輸出しているので、インド国内で新しい衣類を買うよりは安く提供することが可能です。北部などでは冬物の需要もありますから、今後が楽しみです。

資源リサイクルの最も大きな問題点は、リサイクルできるかどうかではなく、リサイクルしたものの引き取り手があるかどうかということだと思っています。

モノはいらなくなったところで生命が終わっています。それをもう一度生かすにはコストがかかる。コストを上乗せしたものを買って使う気持ちになっていただけるかどうか――ファイバーリサイクルの今後は、そこにかかっています」

※1　日本の人口を一億二千六百五十万人として計算した（一九九八年の総務省人口推計による）。

※2　ダイナックス都市環境研究所所長、山本耕平さんによる二〇〇一年三月ドイツ環境省へのヒアリング調査。

※3　「スーツを一着買えば、古いスーツを一着下取りする」というものだが、当初千円程度だった下取り価格が競争によってエスカレート、二万円のスーツを買えば古いスーツを一万円で下取りという店まで現れた。集めた古着をどう処理するかについての対応を検討しないまま回収を始め、これまでのリサイクルの仕組みとは関係なく、集まったスーツを処理さえすればいいと反毛業者に無償で持ち込んだため、それまで回収・分別して商品として売っていたファイバーの行き場がなくなり大打撃を受けた。

●ナカノ株式会社
本社　神奈川県横浜市新川町5-27
電話045-261-5527
秦野営業所　神奈川県秦野市戸川467-2
電話0463-75-0564
http://www.nakano-inter.co.jp/

（取材／文　よしのたかこ）

古着を回収に出すときは

古布・古着類の回収業者やファイバー・リサイクル・ネットワークに聞いた「回収に出すときの基本」は、「使う人の身になった思いやり」ということ。ちょっとの気づかいがリサイクルシステムをスムーズに動かし、また、中古衣料やウエスとしての品質を高めることにつながる。

1　洗濯したものを出す。中古衣料として手に入れた人がすぐ着ることができるように。

2　ビニール袋に入れる。回収中に汚れたり、雨が降ってもぬれないように。

古布・古着の分別作業。リサイクルに出すときは、使う人の身になって出したい。

3　クリーニング店などの包装は取り除いて出す。包装が残っているとごみになり、業者が産業廃棄物として、処理費用を払って処分することになるので、余分なコストがかかる。

4　上下セットなどのセットものは、セットがくずれないようにして出す。

5　ボタンやベルトなどの装飾品は、取り除かないで一緒に出す。

6　次のようなものは布製であっても、現在のところリサイクルできない。出さないように注意しよう。

泥、油、ペンキなどで汚れたもの・布団・枕・じゅうたん・カーペット・靴・足拭きマット・便座カバー・使い込んだ雑巾・スリッパ・ペットに使った毛布やタオル・コタツの下敷き・電気毛布・ビニールの雨合羽・雨傘・会社の制服・ユニフォーム・ベッドのマット・裁断くず・カーボン繊維・グラスファイバー・ガラス繊維・事業系や不燃素材のカーテン

（取材&まとめ／よしのたかこ）

故繊維回収業者で種類ごとに分類された古着。

回収された古着はどこへ？

① 中古衣料として再使用《リユース》

海外では衣類が簡単に手に入らない国も多いため、回収された古着のうち、もっとも需要が多いのは輸出向けの中古衣類である。輸出先としては東南アジアが圧倒的に多く、次いで中近東・アフリカ・南米。国内で再使用される割合は非常に少ない。ロシアなどの人々は冬物を必要としているが、残念なことに日本で出る古着は体型に合わない。いっぽう、体型面の問題が少ない中国でも冬物の需要があるものの、一九九一年から中古衣料の輸入を禁止している。

こうした状況から、リサイクルしやすい古着は圧倒的に夏物衣料であるが、回収に出す側には冬物衣料を出したいという要望が強い。そのため、中古衣料の需要と供給がアンバランスな状態になっている。また、ここ数年、輸出価格の低下が著しいため、全体としての輸出数量は伸びても、必ずしも回収量に見合った収益と結びつかず、リサイクルが行き詰まっている状況がある。

② ウエスとして再利用《リメイク》

ウエスとは工場で機械の油拭きなどに使われる布。新しい布より、使い込んだ古布から作る方が吸収性などの機能が高まるため、何度も洗って油分の抜けたタオルや肌着などを再利用して作られる。しかし長期の経済不況や工場の海外移転によって昨今ではウエスの需要が減っており、また、最近は環境ＩＳＯ取得のために今まで使っていた古布製ウエスから紙ウエスやレンタルウエスに移行する工場も増えている。

日本の環境ＩＳＯ（国際標準化機構）は、環境ＩＳＯを取得しようとする事業所の「ごみを減らすための努力」を、その事業所から排出されるごみの重量だけで判断する。社会的な総量としてとらえると、古布製ウエスのほうがごみを減らせるはずなのだが、その工場から排出されるごみの量でしか判断しないため、紙ウエスやレンタルウエスの利用を評価する。紙ウエスの原料は新しい《バージン》パルプである。再生紙は繊維が短く、ウエスとしての耐久性に乏しいことから、紙ウエスの原料にはならない。また、二回しか使えない古布製ウエスにたいして、新しい布製のウエスは十回使えるという理由で、レンタルウエスの利用を評価する。レンタルウエスにより確かに使い捨ては減らせるが、油で汚れたウエスを洗浄力の強い洗剤で洗って水を汚し、ボイラーのエネルギーも使う。環境のためのＩＳＯなのに、環境を損なう結果となっている。

③ 反毛として再生原料化《リソース》

ウール製品や毛糸、スーツなどは、反毛（繊維をいったんワタ状にもどして糸やフェルトに再加工したもの）の材料となり、自動車のシートやクッション材、住宅の断熱材や防音材などに利用される。しかし、昨今の自動車業界や建築業界の不振のために需要が落ちこんでいる。また、リサイクルの前処理として、裏地やボタンをはずす手間とコストがかかる反毛よりも価格が下落している新しい《バージン》原料が利用される割合が増えており、再生原料としての反毛の利用は減っている。

（取材＆まとめ／よしのたかこ）

ふとんとのおつきあいを見直したい

重くかさばるふとんは、もっとも厄介物の粗大ゴミだといわれる。しかも、回収後はリサイクルされることなく、すべて焼却処分されているというのが現状だ。一昔前まで、打ち直して何十年にもわたって使い続けるものだったふとんは、いまや、使い捨て前提の生活用品になってしまった。それはなぜなのか。町の寝具屋さんの話を聞きながら、ふとんとのおつきあいをじっくりと考えてみよう。

◎日本にはふとんを大切にする文化があった

日本のふとんは、敷きぶとん、掛けぶとん、共に厚くてかさばるのが特徴のようです（※1）。そのふとんですが、ほんのこのあいだまで、これさえあれば新しい生活を始められるという引っ越し荷物の筆頭でした。お客さまを迎える準備も、客ぶとんを整えることから始まりました。ふとんは、生活の中で大事な位置をしめていたのです。また、古くなったふとんは、ふとん屋さんへ打ち直しに出しては、打ち直してもらったワタで、季節に応じた、家族のメンバーの大きさに見合ったふとんに仕立て直しをするものでした。朝夕のふとんの上げ下ろしが一日の動きに難なく組み込まれていたように、一世代前まで、寝具の手入れは暮らしの一部。うまくやりくりするには、こまめに手間をかける必要があったのです。
　日本にはふとんを大切にする文化があった。と、ここまでは、綿（ワタ＝コットン）のふとんの時代の話です。

◎使い捨て前提のふとんが大流行り

　それがこのところ、生活様式も住宅事情も大きく変化し、ふとんの品質も一変しました。デパートやスーパーで扱っているのはポリエステル、ウール、羽毛のものだけ。伝統的な木綿ふとんは売っていません。そして、ポリエステル（やウール混のポリエステル）のものなら、掛け・敷きふとんのセットが一万円も出せば買える値段です。この安さでは、たとえば一人暮らしを始める子どもにウチのふとんを持たせたいと思っても、宅急便で送る運賃と手間を考えれば、買ったほうがマシ。「クリーニングも打ち直しも可能です」と言われても、その費用は新品と値段に大差ないから、リサイクルを考えるより、捨てるほうが手っ取り早い（※2）。と、いまや、使い捨てを前提としてふとんが大流行り。ふとんも、ずいぶん粗末に扱われるようになったものです。

◎「打ち直し」という伝統をもっと伝えたい

　今でも、昔ながらの木綿ワタを扱っているのは「町のふとん屋さん」ですが、東京・江東区のそんなふとん屋さん四軒が、一九九九年に「江東区ふとんリサイクル推進協議会」を設立しました。環境問題が逼迫した現在、このふとんの使い捨て状態を憂い、「打ち直し」という、ふとんリサイクルの伝統をもっと広く伝えたいという思いからです（※3）。そのうちの一軒、「親松寝具店」

東京都江東区・親松寝具店の親松徳二さん

打ち直したふとんワタを使って
座ぶとん作り

の親松徳二さんをたずねて、お話をうかがいました。

古いふとんは、ふとん屋さんへの打ち直しを頼むと、打ち直されたやわらかなワタに新しいワタが足されて、新しいふとん側がつけられて、新品同様になって帰ってきます。ふとんを売るだけでなく、これが昔から「わた屋」と言われてきたふとん屋さんの大きな仕事だったそうです（※4）。

「それが一九七〇年年代初めごろから出現したポリエステルなどの合繊ワタによって、流通が大きく変わってきました。合繊ワタは軽くて、安くて、加工しやすいのが特徴です。これにより生産が、綿花を栽培する〝畑〟から、石油を原料にして繊維を作る〝工場〟へ移り、加工は人の〝仕立て〟から機械の〝流れ作業〟になり、大量生産大量消費の時代が始まりました」

と、親松さんは説明します。そして

「自然物である木綿ワタは、品質と需給が不安定で大量生産になじまず、価格も合繊物にかなわず、いつしか綿は綿でなくなってきました」と。

なるほど、これでデパートやスーパーやから木綿ふとんが姿を消したことも、「打ち直し」という言葉を知らない人がいることも納得できます。

◎ワタの打ち直し工場

親松さんに、お店の近くにあるワタの打ち直し工場へ案内していただきました。古ワタは次々と大型の製綿機にのみ込まれ、解きほぐされ、最後は「のし餅」状になって出てきます。途中でオゾン殺菌脱臭装置を経ることで殺菌され、百五十度の熱処理もされるそうですが、これが古くて固まったワタだったとは思えないほど、色も白くなり、ふんわり。

そのワタを使って、職人さん（中年男性）がちょうど座ぶとんを作製中でした。四角に縫った袋の中にワタを詰める作業なのですが、手だけでなく、足も使った一連の動きに見とれてしまいました。あざやかなこと！　そのあとの工程である、ワタを入れた口を縫ってとじていたのは中年女性

ですが、お二人の口から異口同音に出たのは、
「ワタは打ち直せば、また気持ちよく使えるという、当り前のことを私たちは続けているだけなんですよ。でも今は、安くて便利なのが一番。なんでも買えばすむと思っている。大事なことを手放してるよねえ」

ーん、まったく同感です。

◎リサイクル推進協議会おすすめの四コース

ワタ打ち直しの工場へ持ち込まれたワタ。「打ち直し」の工程を経ると、驚くほど白く、ふんわりと生まれかわる。

ワタは使っているうちにだんだん油分が抜け、繊維がちぎれて劣化する命あるものです。その命を手をかけて使うことで長びかせてほしいと、リサイクル推進

協議会がすすめるのは四コースです。

①打ち直し　打ち直し（解綿、除塵、殺菌）⇩側地⇩仕立て。価格は、敷きふとんも掛ふとんとも、一枚八千円～一万円。値段の差はサテン生地の品質によります。新しいワタを補充するとプラス料金。羊毛ワタも合成ワタも打ち直しできます。

②羽毛ふとんのリフレッシュ　解体⇩洗浄⇩除塵⇩補充⇩側地⇩仕立て。シングルで、綾織生地二万円～超長綿生地三万円。

③買い替え　新品購入時に、古いふとんを下取りします。下取りしたものは、座ぶとんや貸ふとんに作り変えるなど、できる限り再活用します。

④水丸洗い　ふとん洗い専用機で水丸洗い。臭い、カビ、ダニなどが除かれ、清潔なふとんに戻ります。素材を問わず、三枚で一万円程度。

◎木綿ふとんはかなりのすぐれもの？

「合繊はもちろん、ウールや羽毛ふとんも熱や汗を吸い取らないんだねえ。ウチの家族はどこかに行って泊まっても、ふだん木綿のふとんで寝て

機械に入るのを待つ古いワタ

るから、暑くて眠れない。木綿ワタのふとんで寝ると疲れがとれるよ。それに、上質のインド産のワタで作ったふとんでも一枚二万二千円。安いでしょ。打ち直して使えば四十年ももつんだし、燃やしたって悪いガスは出ないんだから」

とおっしゃるのは、ある木綿ふとんばかり扱うふとん屋さんのご主人です。

さすが木綿ワタひと筋にやって来た方ならではの説得力があります。天然素材なら良い、と決めてかからないほうがよさそうです。「ウール百パーセント」表示のワタにも化繊がかなりの割合で混じっているそうですし、羽毛はポーランドやアイスランドなどはるか遠くから輸入されています。この風土に暮らす私たちにどれくらい適したものなのでしょう？

それに対して、木綿のほうは、今でこそワタの自給率ゼロという日本ですが、平安時代に渡ってきて以来、広く栽培されて風土にとけこんできたものです。経験的に良さを実感してきているし、値段についても、綿花が摘まれるところから考えれば、決して高いとは思えません。となると、重くて手入れの必要があるとはいえ、寝具としては木綿ふとんはかなりのすぐれものといえそうです。

◎どんなふとんを選べばいいか

でも木綿ふとんを買ったとして、「敷きぶとんの打ち直しの目安は三年」をずっと実行できるだろうか？　打ち直し代金一万円近く×枚数分。値段もさることながら、私などはきちんと手間をかけていくことに自信がありません。と言いつつも、いいふとん屋さんと知り合いになれたわけだし、もっとふとんに気持ちを向けて、敷きっぱなし、ろくにお日さまに干すこともしないというズボラな暮らしを返上するいい機会にできるかもしれないと思ったり。

ふとんを選ぶにあたっての判断材料は寝心地、材質、使い勝手、収納スペース、手入れの仕方、値段、不要になったときの処分法、部屋の作り、家族構成、などなどいろいろありそうです。それも、ふとんがすべてではないので、暮らし全般を見回して、どこでバランスをとったらいいものか？　ものを買うときに迷います。でも時間をかけて迷うのがいい、迷うゆとりを持ちたいと思います。それは安易な使い捨てにブレーキがかかり、欲しい気持ちと折り合いをつける時間であるわけですから。

※1　常夏の国では言うまでもなく、厚いふとんは不要です。ベッドを使用する国々では、敷くのは薄いもの。掛けぶとんも（寒い土地でも室内が暖かいせいか）薄く、日本の厚みのあるふとんはないようです。ただ　地球上の国々をくまなく旅して、人々の生活を記録してきた写真家の小松義夫さんによると、イラン、トルコ、ウズベキスタンでは日本のふとんと同じようなボリュームのあるものを使っていたとのことです。

※2　不用になったふとんは、東京都二十三区の場合、一枚につき二百円払えば、粗大ゴミとして引き取られていきます。その合計数は、三十七万枚（一九九八年）、四十一万枚（一九九九年度）、四十五万枚（二〇〇〇年度）。［平成十二年度『清掃事業年報』東京二十三区清掃協議会］収集される粗大ゴミの中で、ここ何年も個数で断然トップ切り続けています。一年間に約二十人で一枚という計算になり、それほど多い数にも思えませんが、これは正規の有料処分ルートに乗ったものの数でしかありません。

そして気がかりなのは、粗大ゴミと出されたふとんはすべてが焼却炉で燃されていることです。地球温暖化や大気汚染に輪をかけていることは間違いありません。

※3　「江東ふとんリサイクル推進協議会」では設立後ずっと、二ヶ月に一度「リサイクルわたによる小座布団作り教室」を江東区エコ・リサイクルハウスで開いてきました。「お持ちの古い布やハギレでかわいい小座ぶとんか長いす小座ぶとんを作りませんか」と呼びかけています。

問合せ　エコ寝具ショップ　親松寝具店
東京都江東区猿江１・３・７
電話・ＦＡＸ03・３６３５・７０５０

http://www5c.biglobe.ne.jp/~ecofuton/

※4　打ち直しされるふとんの枚数は、親松さんの試算（一軒のふとん屋さんが扱う打ち直し枚数×二十三区のふとん屋さんの数）によれば、一年におよそ四十万枚。これは粗大ゴミで出されるふとんの数に近いものです。

（取材／文　藤田妙子）

衣類リサイクル事情・海外編

●デンマーク

デンマークの人は家具でも衣類でも、リサイクル店や蚤の市で買ったものを使うのをいといません。

九州ほどの大きさの国には、赤十字、キリスト教会などの組織が運営するリサイクル店が六百十六店舗あります。全国最大規模は、赤十字の運営する百六十六店舗。次に多いのは教会の店百五十店舗で、この五年間で五十店舗も増えました。その理由は、第一線で活躍するプロのモデルにリサイクル服を着てもらい、若者向けの雑誌などでPRしたら、店が若い人たちの人気になったというものです。

また、各自治体では、ごみを十五種類ほどに分別収集しています。専用コンテナに集められた衣類は、汚れたものは焼却され、再使用できるものは教会などによって、海外などへの災害支援物資となっています。

デンマークの場合、おおまかに四季は春と冬の二シーズンしかありません。ですから、衣替えの必要がなく、寝具も一年中羽毛布団です。四シーズンの衣類を持っている日本人は、衣装持ちだと思います。

（ヘルシンガー在住　小野寺綾子さんより）

＊最近では日本の若者にも古着は人気ですが、それはあくまで商品として流通している古着です。デンマークでは、教会や赤十字などの非営利団体が財源確保のためのリサイクル活動に本腰を入れているのはすごい。

●ドイツ

古着の回収は教会が積極的に行なっています。毎年二回ほど、教会から各家に「第三世界や難民の救援物資として再利用します」と印刷された、古着・古靴回収用の白いビニール袋が配られます。私はその回収日に合わせて、処分したい衣類を用意することにしています。また、教会の前など町中の何ヵ所かには、古着を入れるコンテナ、古靴を入れるコンテナが設置

デンマーク、ヘルシンガー市内に02年開店したリサイクルショップ。
「GENBRUG」の“GEN”は「再」、“BRUG”は「使用」という意味。

されています。

公共のごみ収集は住民が各々費用を払うシステムとなっており、紙ごみ、生ごみ、プラスチック、粗大ごみ、資源ごみ等の回収日を記したカレンダーが配布されます。カレンダーのリストには特に「衣類」という項目はなく、布、はぎれの類は「残余ごみ」として、随時回収されています。

再利用できる衣類や靴は、教会の回収日を待つというのが、もっとも一般的でしょうか。そのほかにフローマルクト（蚤の市）で安売りするという方法もあります。

（デンマークの小野寺さんを通して、フライブルク在住　Uさんより）

＊ドイツでは古着だけではなく、靴もリサイクルの対象なんですね。別の人から聞いた話では、ドイツの衣類リサイクル率は五十％以上だとか。その理由のひとつは、東西の冷戦終焉後、ロシアや東欧諸国で古着の需要が増加したこともあるということです。

●カナダ
バンクーバーでは使用可能な用済み衣類は、環境保護、学校、社会福祉など種々の非営利団体に寄付するのが一般的で、ごみ箱行きはあまりありません。わが家から歩いて行ける範囲に十軒以上のリサイクルショップがあり、なかでも救世軍の店は品がよく値段も手ごろなため、土曜日には開店前から人が並ぶほどの人気です。売る方も買う方も、寄付する方も全く抵抗がなく、お天気のよい週末にはガレージセールやフリーマーケットを楽しみ、また、リサイクルショップに持ち込んで売ってもらうこともできます。それが面倒な場合は、非営利団体に寄付することになります。古着は非営利団体にとって、確実に収入になる大切な財源ですから、こまめに各家庭に電話して、トラックで引き取りにきてくれる団体がいくつもあります。

二年前日本に帰ったとき、ものすごい量の衣類が捨てられているのに驚きました。バザーに行くと、いいものが安いので（こちらの古着はもっと高くてボロボロです）、片っ端から買って帰りたいくらいでした。ただ、バザーの主催者に聞くと古着はほとんど収入にはならないようで、日本では「お古」への心理的抵抗があるのかもしれませんね。

（バンクーバー在住　真崎久子さんより）

＊子ども服やご自身の衣類は、リフォーム服が多いという真崎さん。しかしカナダでも針仕事はすたれつつあるようで、身近には服をリフォームしたり靴下を繕ったりする人はあまり見かけないとのことです。

衣服に再生できればそれでいいの?

ペットボトルのリサイクルのホント

コンビニや駅の売店、自販機などで、最近、とみに見かけることが多くなった透明のプラスチックびん=ペットボトル。業界団体やメーカーは、フリースなどの衣類素材や各種容器に再生できるとさかんにPRしているが、内実はどうなのだろうか。回収されたペットボトルの行方を追ってみたところ、一筋縄ではいかない、さまざまな問題が浮び上がってきた。

◎こんなにある、ペットボトルの再利用品

あれよあれよという間にペットボトル入りの清涼飲料水が増えたかと思うと、最近は、あちこちでペットボトルの回収ボックスを見かける。使い捨てへの抵抗感があったペットボトル入り飲料を買うことも、リサイクルされているなら気が軽くなるというもの。

ペットボトルからフリースができると聞いて、新鮮な驚きを感じたのを覚えている。いまや、一家に一枚はあると思えるほど売れているフリースだが、ペットボトルから再生されたものがどのぐらいあるのだろう。フリース=ペットボトルの再利用=環境によいことというイメージがあるわり

PETボトル
再利用品

PETボトルリサイクル推奨マーク。
再生樹脂を25％以上使用している製品についている。

に、スーパーなどの売り場で宣伝しているのを見かけない。まずは、全国にフリースを行き渡らせたといっても過言ではないユニクロに聞くと、使用しているフリースはペットボトルの再利用品ではないとの回答。では、いったいあの山のようなペットボトルは何に生まれ変わっているのだろう。再利用品の目印はあるの？

　ペットボトルの容器や飲料メーカーで組織するPETボトルリサイクル推進協議会のホームページを見ると、ペットボトルの再利用品は繊維五十五・九％、シート（卵パックなど）三十四・一％。ほかボトル（洗剤など）、成形品（植木鉢など）。もっと詳しく知りたいと「再利用品カタログ」を取り寄せてみた。繊維の内訳は衣類、カーペット、カーテンなど。衣類では制服、作業服、Tシャツ、ワイシャツ、フリース、エプロンなどいろいろある。

　ペットボトルの再生樹脂を二十五％以上使用している製品に「PETボトルリサイクル推奨マーク」の使用を認定している。日本環境協会のエコマーク（五十％以上）も目印になる。いずれもメーカーがマークを取得しようと希望した場合のみ。

　それにしても、五百ml入りペットボトル三・五本からTシャツ一枚ができる。これまでゴミにしてきたのかと思うと、もったいないなあと思う。

◎ペットボトルはこうして衣類になる

　ペットボトルも衣類になるポリエステル繊維も、もとをたどれば、同じ石油製品。ペットボトルが衣類になってもなんの不思議もないのだろうが、ちょっと想像しにくい。どんな過程を経て衣類になるのだろう。資源として出した後のルートも知りたい。

　資源収集場所に集められたペットボトルはもちろん、スーパーなどの回収ボックスに集められたものも、回収は自治体の仕事。異物を除き、圧縮、梱包のうえ、各地にあるリサイクル工場に引き取られる。引き取り基準があって、十トン車一台分（約三十一万本）を集めないと引き取ってもらえないので、保管する場所も必要だ。ここまでは税金でまかなわれる。

リサイクル工場では細かく砕いて、洗浄。さらに金属などの異物を分離する。こうしてフレーク状、あるいはビーズの玉のようなペレット状の再生ＰＥＴ樹脂が得られる。ここまでのリサイクル費用は「容器包装リサイクル法」によって、容器メーカーや飲料メーカーの負担となる。

「安いリサイクル事業者が落札するので、事業者が増えたことで、リサイクル費用は安くなっています」（環境省リサイクル推進室）とのこと。自治体が回収する費用は安くならないだろうにとちょっと腑に落ちない感じもする。メーカーが負担するリサイクル費用に比べ、自治体の選別・回収・保管にかかる手間や費用の重いことは、自治体や市民団体から指摘されてきた。

再生ＰＥＴ樹脂は、合成繊維の素材メーカーが購入し、原綿、紡績糸、製織の過程を経てポリエステルの生地になる。これを衣類のメーカーが製品化する。再生ポリエステル繊維やその製品に「エコペット」「エコスマイル」「エコールクラブ」などのブランド名をつけて販売。頭に「エコ」とつけ、環境によいことを印象づけている。ペットボトルをごみにするより、いいことには違いない。

（財）日本環境協会のエコマーク。ペットボトル再生樹脂を50％使用している製品に使用できる。

ただ、リサイクルが進むとともに、ペットボトルの生産量も増えているのがすっきりしない。それと、ペットボトル入り飲料は利用しても、そのリサイクル品を利用したことのある人がいったいどれほどいるのだろう。売れているの？

◎グリーン購入法がつくる大きな需要

ＰＥＴボトルリサイクル推進協議会から入手した販売店リストによると、ワイシャツ、レインウエアなどを販売するスーパーや百貨店があるものの、一般向けはごく一部という印象を受けた。

実は、官公庁や自治体、公立の学校や病院がリサイクル繊維製品の購入先として期待されている。二〇〇一年に「グリーン購入法」が施行されたためだ。国の各機関には、製品を購入する際に環境に配慮した製品を選ぶよう義務づけ、都道府県などの自治体には努力するよう定めている。義務はないが、企業や国民もこの法律の対象だ。

「グリーン購入法」による購入の対象になる十四分野百一品目のなかに、再生PET樹脂を利用したポリエステル繊維を十％以上（製品全体重量比）使用する作業服や事務服、制服、スポーツウエアなどがある。十％以上は少ないと感じるが、まずは「再生品を広める」のを優先しているらしい。さらに、使用後に回収され再利用される仕組みが整っていることを配慮事項としている。

こうした情報は、グリーン購入ネットワーク（環境への負荷が少ない製品の購入を進める消費者・企業・行政のネットワーク）が国の委託を受けてホームページで提供している。独自の購入ガイドラインも定め、製品を比較できるので選ぶときの参考になる。たとえば再生ポリエステル繊維の使用割合は、製品によってさまざま。使用後の回収システムの有無、回収後の主な用途などの情報も得られる。登録した企業の製品に限られるが、参考になる。

自分の住んでいる市町村や公立の学校では、グリーン購入を実践しているか聞いてみたい。税金が使われるのだから、少しでも企業努力がされているよい製品を購入してほしい。

気になる回収後のリサイクル用途は、自動車の内装材や熱源としての利用が目立つ。リサイクルへの努力をしないで安易に熱源にされないよう、グリーン購入をする側も勉強して、どんな製品を選ぶかは大切なポイントだろう。

◎リサイクルはいいけれど、その前に

ペットボトルが衣類になって、それがまたリサイクルされる。環境省のリサイクル推進室で盛んに強調していた「資源が循環する社会」に、確かに向かおうとしている様子がうかがえる。でも、ペットボトルのリサイクルって本当にいいこと？

税金を使って回収する点、回収が進むとともに生産量も増え、ごみ減量になっていない点では

どうだろうか。

二〇〇〇年度の再生可能なペットボトルの生産量は三十六万二千トン（五百ml入りボトル＝一人当たり年間約八十九本）。このうち再利用されたのは十二万五千トン。二十三万七千トンは再利用されずに何らかの形で処分されことになり、これは一九九七年度の処分量の約一・七倍。再利用されなかったペットボトルからTシャツを作るとすると、約二億枚（綿などと混紡するとして）ができることになる。再生品の用途や需要を広げようとしている過渡期ではあるのだろうが……。まるで、ペットボトルを増産するために、リサイクル衣料を利用しなさいといわれているようにさえ感じられる。

リサイクルすればするほどエネルギーも使う。制服なら回収して再生するより、大切に着てリユース（再使用）するほうがいいに決まっている。容器だって再使用できるほうがいい。リサイクルされているからと、このままペットボトルの消費を増やし続けていいのだろうか。

（取材／文　布施孝子）

あとがき

●楽しいしごとでした。もうじき一歳半になる娘との慌ただしい日常の中で、八田さんとの打ち合わせはいつも新鮮な風が吹き込むような待ち遠しい時間でした。日頃針と親しくお付き合いしていない私ですが、イラストを描いたり、裂き布草履を試作したりの副産物として、このシャツから娘のスモック、あのシャツからバッグと楽しい妄想がむくむくふくらんできました。ふくらみっぱなしのいろいろをなんとか形にするぞと、娘が寝付いた夜更けにちくちく始めたところです。

「姉さんがなす紺のあつしに色とりどりの小花をいっぱい刺して手提げを作ってくれてね。大いばりで学校へ持って行ったのよ」祖母が昔語りの中でこう言った時、少女の頃の誇らしい気持ちがぱっと顔を明るくしたのが忘れられません。消費した大量のモノに囲まれた今の生活から見ると、八十年たっても思い出の輪郭をくっきりさせている手づくりのものの力強さは新鮮でした。

布や紙を大切にとっておいて作り直す祖母の暮し。母もぱっぱと縫ったり編んだりするほうで、娘が生れてからも、おむつや肌着、セーターとたくさん作ってくれました。私は布自体は好きで、好きな布の服を捨てられないのですが、作り替えずにたんすのこやしにするばかり。おおざっぱで気まぐれなわたしの暮しにも、布と親しむリズムを根付かせて、たんすの古着を蘇らせてやれたらなあと思いめぐらしています。（尾川直子）

●はるか昔、高校時代のこと。普段は私服登校だった私たちの間で、ブラウスの襟元に布製リボンのブローチをつけることが流行りました。誰が始めたのか、最初の頃はフェルトを切ってリボンの形にして安全ピンに留めるという簡単なものでした。後発の私は、母が大事にとっておいた昔の服の妙にレトロなはぎれをもらい、水玉のサテンやレースなどをあしらった凝ったリボンブローチを作って、ちょっとうらやましがられたりしました。ブームはあっけなく終わり、今となってはそのブローチも行方知れずですが、作った時の楽しさは確かに覚えています。

高度経済成長期に子ども時代を過ごし、ブランド全盛期に学生時代を過ごしてきた私たちの年代（ちなみに私は三〇代後半）にとって、「もったいない」は死語に近い言葉です。それでも私たちを、手作りブローチへと駆り立てたものは何だったのでしょう。それはたぶん、美を創造する喜びのパワーだったと今にして思います。そしてこのエネルギーこそが、ゴミからゴミを作ってしまうというリサイクルの悲しい次元を超えさせるのだと感じています。この本が皆さんの創造のエネルギーのきっかけになったら、とてもうれしいです。（佐々木尚絵）

●普段は東京・西多摩の自宅で仕事をしていますが、たまに用事があって都心のオフィス街に出かけると、街を行き交う男女のビシッときめたファッションに圧倒されてしまいます。シミひとつない真新しい服に身を包んだ人々は、他人よりよく見られるよう、そして他人につけ入るスキを与えないよう自己主張しながらも、他人より特に目立ってはいけないと語っているよう。そんな姿を眺めながら、突っ張っていないでもっとリラックスすればいいのにと、つい思ってしまいます。

その人らしく個性的で、それでいて、回りの人々をほっとなごませる装いに心惹かれます。着古した衣服であっても、その人の打ち込んでいる仕事や、人柄を物語る装いというのはすてきです。着る人、使う人と深くかかわりあう布。本書は、古着や古布を暮らしに生かすための一工夫を探りたくて作りました。

この本を作るにあたって、まず感謝したいのは、旧版の［ひらめき布再製術］実例を一点一点チェックし、適切なアドバイスをくださった岡山市の重本礼乃さんです。ありがとうございました。小社メンバーの尾川直子は、重本さんとの打ち合せのために、ラフで描いた絵がとても見やすく楽しかったことから、思いがけなくも、本番のイラストも担当することになりました。実例集のアンケートにお答えくださった方、こころよく取材に応じてくださった方、取材して記事にまとめてくださった方、文中にお名前を記した方だけではなく、何人もの方々にお世話になりながら、本書はできあがりました。心より感謝します。（八田尚子）

地球を汚さないシリーズ②

捨てない主義で「布」生活

二〇〇二年七月二五日　初版第一刷発行
二〇一三年四月二五日　第一〇刷
八田尚子＋自然食通信編集部編
発行者　横山豊子
発行所　有限会社自然食通信社
東京都文京区本郷二—一二—九—二〇二
電話　〇三—三八一六—三八五七
FAX　〇三—三八一六—三八七九
郵便振替　〇〇一五〇—三—七八〇二六
http://www.amarans.net
組版　秋耕社
印刷　本文 平河工業社／カバー・表紙 東光印刷所
製本　越後堂製本

ISBN4-916110-23-4　C2077

●自然食通信社の本●

※下記の本は書店でご注文いただけます。

新版・タカコ・ナカムラの
ホールフードでいこう
タカコ・ナカムラ著

A5判／定価1500円＋税

「発酵食」や野菜出汁「ベジブロス」、大ブレークした「塩麹」に「50℃洗い」「低温スチーミング」…みんなみんな、ホールフードスピリット。「わたしがきれいになる、健康になるって、食べ物を生み出す土や川や海や‥地球という環境がきれいになることと一緒でなくちゃ」――環境まるごと、ホールフード道とは。

●地球を汚さないシリーズ❸
モノの命とトコトン付き合う
台所サバイバル
自然食通信編集部編

A5判／定価1100円＋税

大根、人参はもちろん、山芋だってヒゲをちりちり焼いて皮ごと使っちゃう。大豆の煮汁は拭き掃除に、茶殻のうがいは効くんだョ。台所のモノたちが土に還っていくまでいとおしむ大技小技の数々や、ツーカイ生活達人の暮らしぶりをクローズアップした読み物も充実。

オモニたちから寄せられた
環境にやさしい素朴な料理110選
自然がいっぱい 韓国の食卓
緑色連合編

B5判／定価2000円＋税

医食同源の伝統が息づく韓国全土から寄せられた1000を越す料理を厳選。ご飯ものやスープ、野菜料理に特別の日のおかず、保存食、自家製調味料…長く家庭で愛され作り継がれてきた素朴で体にもやさしい料理と出会えます。

手づくりのすすめ 新装改訂版
自然食通信編集部編著／宮代一義版画

A5判／定価1800円＋税

丸くて硬い大豆の粒から、ふわり真っ白な豆腐。梅干、酒まんじゅう、味噌、麹、こんにゃく…。永い年月重ねて受け継がれた知恵と技の数々。全国各地の先輩から手ほどき願い、ていねいに作った食べ物２３品を版画を交えて記録した、初版以来32刷りの超ロングセラー。

おいしいから野菜料理
季節におそわるレシピ728
自然食通信編集部＋八田尚子編著

B5判／定価2000円＋税

畑から四季折々の味と香りを届けてくれる野菜は食事づくりの心強い味方です。個性的な地元野菜から新顔野菜まで、素材のうま味を上手に引き出す料理を季節別、材料別に網羅。事典としても備えておきたい野菜料理の決定本。

うわっ　ふくらんだ！
リンゴ、ブドウ、ジャガイモ、玄米…で
自家製酵母のパンづくり
吉川佳江＋自然食通信編集部編著 増補改訂版

B5変型判／定価1600円＋税

レーズンを浸しておいた水から気泡がプクップクッ…。酵母が目ざめ活動し始めたサインをキャッチ。すりおろしリンゴとハチミツ、干し柿や干しアンズ、ジャガイモ、玄米からも…オモシロ不思議、楽々のパンづくり。自家製酵母のパンのある暮しを楽しむ人たちが道案内。

麦畑からお届けするパン屋です
大和田聡子 著

A5判／定価1600円＋税

ただのおいしいパンとワイン好きから、いつの間にか自分のルーツに引きずられ、父の開発した小麦「こゆき」で天然酵母のパン屋を開業。主婦業、子育ての合間をぬい、食卓とパン工房と畑を結ぶ行動力あふれる生き方が共感を呼び、2010年、テレビ東京「ソロモン流」の賢人で注目。